JN252047

〈東京都・特別区「主任主事」受験対策〉

ポイントがよくわかる
地方公務員法
100問
【高頻度出題問題集】

昇任・昇格試験アドバイス会

公人の友社

はしがき

＜ダダダダーン‥‥‥‥‥‥‥‥＞

世に知られたベートベンの「運命」の旋律である。

冒頭のわずか4つの音が、旋律の扉をたたく。

さて、あなたは、あなたの扉をどんな音でたたくのであろう。

運命に任せる人生では、閉塞感ただよう社会に勝てない。

扉は内から、しかも自分で開けたい。

その扉の一つに、「主任主事の試験」がある。

試験では、主任主事としての能力の実証が行われる。

能力の実証の範囲は、職員ハンドブックが中心とされている。

だが、過去問を見る限り、職員ハンドブックの内容だけでは十分ではない。

知識の追加が必要であり、また知識の整理も必要である。

さらに地公法の改正があり、これらの条文に対応する準備も必要である。

そこで今般、東京都の主任主事試験や特別区の各区で実施される主任主事試験
にも対応できるように、また特に頻繁に出題されている範囲を中心とした、
「ポイントがよくわかる地方公務員法100問（高頻度出題問題集）」を編集した。

まずは、問題にあたり、次にその問題に必要とされている知識のポイント整理
にあたり、そして問題の解説を理解していただきたい。

問題数は100問であるが、内容は試験に対応できるものとしてある。

まずは、100問から挑戦し、あなたの扉をたたいてもらいたい。

この本が、諸君の一助になれば幸甚である。

昇任・昇格試験アドバイス会

目　次

4

法令名の略称

法………………………………………………………………………	地方公務員法
憲……………………………………………………………………………	憲法
民……………………………………………………………………………	民法
自治………………………………………………………………………	地方自治法
地公企法……………………………………………………………	地方公営企業法
地共済法………………………………………………………	地方公務員等共済組合法
公災補法………………………………………………………	地方公務員災害補償法
労基法……………………………………………………………………	労働基準法
労組法……………………………………………………………………	労働組合法
地公労法…………………………………………	地方公営企業等の労働関係に関する法律
地労関法……………………………………………………	地方公営企業労働関係法
地教行法………………………………………	地方教育行政の組織及び運営に関する法律
警察………………………………………………………………………	警察法
漁業………………………………………………………………………	漁業法
農協………………………………………………………	農業委員会等に関する法律
負担法…………………………………………………	市町村立学校職員給与負担法
任期付…………………………	地方公共団体の一般職の任期付職員の採用に関する法律
任期研…………………	地方公共団体の一般職の任期付研究員の採用等に関する法律
所得税……………………………………………………………………	所得税法
育休法………………………………………………	地方公務員の育児休業等に関する法律
賠償法……………………………………………………………………	国家賠償法
法人格………………………………………	職員団体等に対する法人格の付与に関する法律
条例………………………………………………………	東京都及び特別区の条例

【No.001】 **地方公務員制度の理念**に関する記述として、妥当なのはどれか。

1 　全体の奉仕者の原則は、公務員は全体の奉仕者であり一部の奉仕者ではないとする原則であり、この原則は一般職に適用され特別職には適用されない。
2 　成績主義の原則は、優秀な人材確保のため、職員の任用は能力の実証に基づいて行われるとする原則であり、この原則は職員の採用に限り適用される。
3 　政治的中立の原則は、公務員は政治的に中立でなければならないとする原則であり、この原則は職員を政治的影響から保護するものではない。
4 　勤労者としての原則は、公務員に対し勤労者としての権利を保障するとする原則であるが、職員には公務の特殊性から勤労者の権利が制約されている。
5 　平等取扱いの原則は、国民は法律の適用に関し平等に取り扱われるとする原則であり、この原則に基づき、すべての差別が禁止されている。

ポイント整理
■地方公務員制度の理念
①全体の奉仕者としての地方公務員
○憲法第15条の「全体の奉仕者」の規定を受け地公法第30条で、服務の基本基準が定められている。この規定は、すべての公務員に適用される基本原則である。
②成績主義（メリット・システム）の原則の確立
○地公法は、職員の採用などを党派的利益や政治的功績により行うスポイルズ・システム（猟官主義）による情実人事の弊害を排除するため、メリット・システム（成績主義）に基づいている。
③政治的中立性の確保
○公務員は、政治的に中立であることが要請されているが、これは公務員の性格を維持し公正な行政を担保するとともに、職員自身を政治的影響から保護することにある。
④勤労者としての地方公務員
○地公法は、一般職員の勤務条件を条例に基づかせることによって、勤労者としての権利を保障している。しかし公務員には、全体の奉仕者とし

【No.001 解説】

1　全体の奉仕者の原則は、公務員は全体の奉仕者であって一部の奉仕者ではないとする原則であり、この原則は「すべての公務員に適用される原則」であり、一般職のみならず「特別職にも適用される」。

2　成績主義の原則は、優秀な人材確保のため、職員の任用は能力の実証に基づいて行われるとする原則であり、この原則は職員の「採用に限らず」、職員の昇任などにも適用される。

3　政治的中立の原則は、公務員は政治的に中立でなければならないとする原則であり、この原則は、公正で継続的な行政を担保する原則であり、かつ「職員を政治的影響から保護するものである」。

4　正解。

5　平等取扱いの原則は、国民は法律の適用に関し平等に取り扱われるとする原則であり、この原則に基づきながらも、「すべての差別が禁止されているわけではない」。合理的な差別は認められている。

ての公務の特殊性があるため、勤労者としての権利が制約されている。

⑤平等取扱いの原則

○すべて国民は、この法律の適用について平等に取り扱わなければならず、人種、信条、性別、社会的身分若しくは門地によって又は第16条5号に規定する場合を除くほか、政治的意見若しくは政治的所属関係によって差別されてはならない。

○この原則に基づきながらも、すべての差別が禁止されているわけではない。合理的な差別は認められている。

⑥情勢適応の原則

○給与、勤務時間その他の勤務条件が社会一般の情勢に適応するように、随時、適当な措置を講じなければならない。

○公務員の勤務条件について、「地方公共団体」に適切な措置を構ずることを義務づけている。

○人事委員会は、情勢適応の原則に基づき、「随時」、講ずべき措置について、議会及び長に対し勧告することができることになっている。

〔参照条文：法13・14・36・37、憲15〕

【No.002】　**地方公務員の範囲**に関する記述として、妥当なのはどれか。

1　地公法では、地方公務員の範囲をきわめて広いものと定義しているが、普通地方公共団体に勤務するすべての公務員と範囲を位置づけている。

2　地公法では、地方公務員の範囲に特別地方公共団体の公務員も含めており、特別区と地方公共団体の組合に勤務する公務員のみが地方公務員になる。

3　地公法では、地方公務員の範囲は、地方公共団体のすべての公務員に限られず、特定地方独立行政法人の役員及び職員も地方公務員としている。

4　地公法では、地方公務員の範囲に地方公共団体の一般職を含めているが、特別職を除いており、一般職である限り、常勤、非常勤の職員も含まれる。

5　地公法では、地方公務員とは、地方公共団体から勤労の対価として報酬を受ける者を指しており、民生委員のように無報酬の者は含まずとしている。

ポイント整理

■地方公務員の範囲

○地方公務員とは、「**地方公共団体のすべての公務員**」と定義されている。

○地方公務員の範囲は、地公法第2条と第3条の規定による。

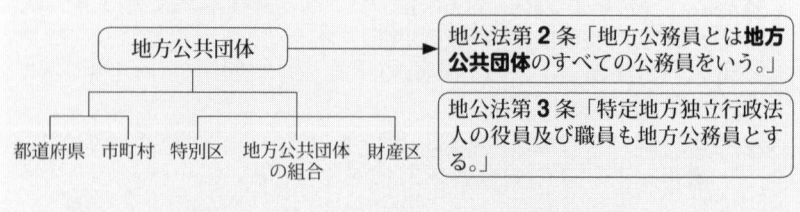

【No.002 解説】

1 地公法では、地方公務員の範囲をきわめて広いものと定義しているが、地方公務員とは「地方公共団体」のすべての公務員と位置づけている。すなわち普通地方公共団体に勤務する者のみならず特別地方公共団体に勤務する者も含まれる。

2 地公法では、地方公務員の範囲に特別地方公共団体の公務員も含めているが、特別区と地方公共団体の組合に勤務する公務員のほか、「財産区の公務員も」地方公務員に含まれる。

3 正解。

4 地公法では、地方公務員の範囲に、地方公共団体の一般職のほか「特別職も含めている」。一般職である限り、常勤、非常勤の職員も含まれる。

5 地方公務員とは、地方公共団体から勤労の対価として報酬を受ける者のみならず、民生委員のように無報酬の者も「含まれる」。

○地方公務員とは、一般職と特別職のいずれも含むものであり、常勤、非常勤の職員、あるいは臨時、恒久のいずれの職員も含むものである。

○地公法は、地方公務員を一般職と特別職とに分け、一般職に属するすべての地方公務員を「**職員**」としている。

○地方公務員には、法律によって独自の判断と責任においてその権限を行使するものと、上司の指揮監督の下に自己の労働力を提供するものとの二種類がある。前者には、知事や区市町村長、議員、行政委員会の委員、建築主事などがある。

○地方公務員とは、地方公共団体に対して勤務を提供し、その反対給付として地方公共団体から給与を受ける関係にある者のみならず、民生委員などのように無報酬の者も含む（行政実例）としている。

〔参照条文：法2・3〕

【No.003】 **地方公務員の種類**に関する記述として、妥当なのはどれか。

1　地公法は、地方公共団体のすべての公務員を地方公務員としながら、地方公務員の種類としては、一般職、特別職、その他の職の3種類に分類している。

2　地方公務員の種類が必要な理由は、地方公務員の範囲が非常に広いため、画一的に一つの制度を適用しなければ不合理な結果を生ずるためである。

3　地公法の地方公務員を一般職と特別職とに分類するときは、一般職に属する職員以外の職を特別職と位置づけ、自動的に一般職の範囲が定まっている。

4　地方公務員の種類は、身分取扱いにおいて別異の取扱いをする必要性からなされる地公法上のものに限られており、組織法上のものを認めていない。

5　地公法の地方公務員は、一般職と特別職とに区分され、原則として一般職に属する地方公務員を職員といい、職員は職業的公務員の性格を有している。

ポイント整理
■地方公務員の種類
○地方公務員の分類は、地公法上の分類のほか、自治法上の分類、教育公務員特例法及び地教行法上、警察法上などによる分類がある。

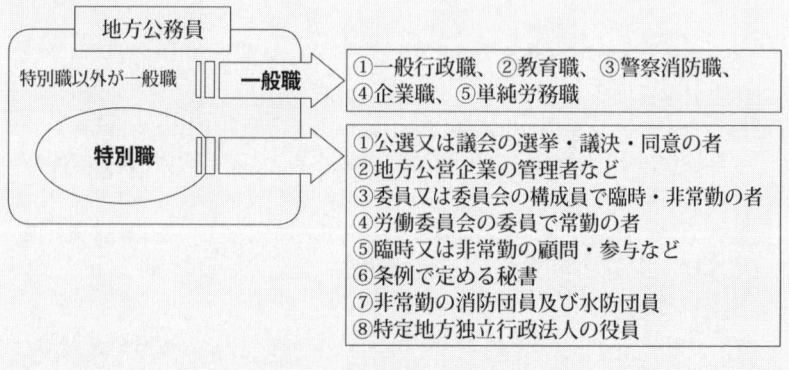

【No.003 解説】

1 地公法は、地方公共団体のすべての公務員を地方公務員とし、地方公務員の種類としては、一般職と特別職との2種類に分類している。「一般職にも特別職にも属さない者の存在を予定していない」。

2 地方公務員の種類が必要な理由は、地方公務員の範囲が非常に広いため、画一的な一つの制度を「適用すると」不合理な結果を生ずる場合があるためである。

3 地公法の地方公務員を一般職と特別職とに分類するときには、「特別職」に属する職員以外の職を「一般職」と位置づけている。特別職は限定列記なので、自動的に一般職の範囲が定まっている。

4 地方公務員の種類は、身分取扱いにおいて別異の取扱いをする必要性からなされる地公法上のものに「限られず」、「職の設置や権限の配分などの必要性からなされる組織法上のものもある」。

5 正解。

○**種類**……地公法は、一般職にも特別職にも属さない者の存在を予定していない。

○**職員**……地公法では、原則として一般職に属する地方公務員を「職員」という。

〔参照条文：法3・4〕

13

【No.004】 地方公務員であるか否かの判断が難しい場合には、普通３点が**判断基準**とされている。その判断基準の組合せとして、妥当なのはどれか。

A　その者の従事している事務が地方公共団体の事務であるか。

B　地方公共団体の公務員としての任命行為が行われているか。

C　地方公共団体から、労働の対価として報酬・給与を受けているか。

D　その者の勤務の態様が常勤であるか。

E　公務災害補償制度について定める地方公務員災害補償法が適用されるか。

1　ABC　　　2　ABD　　　3　ACE　　　4　BCD　　　5　BDE

【No.004 解説】

1　正解。

　　地方公務員であるか否かは、通常次の3点が判断基準とされている。

A　その者の従事している事務が地方公共団体の事務であるか。

B　地方公共団体の公務員としての任命行為が行われているか。

C　地方公共団体から、労働の対価として報酬・給与を受けているか。

ポイント整理

■地方公務員の判断基準

○地方公務員であるか否かの判断ができないときには、次の**3点が判断基準**とされる。

①職務が当該地方公共団体の事務であるかどうか。

②任命行為があるかどうか。

③報酬又は給与を受けているかどうか。

【No.005】 一般職と特別職の区別に関する記述として、妥当なのはどれか。

1 両者の区別に成績主義の原則の適用の有無があり、一般職は受験成績や人事評価に基づく任用が行われるが、特別職も一部に成績主義の任用がある。

2 両者の区別に指揮命令関係があり、一般職は上司の命令で職務を遂行するが、特別職は法律や自己の学識経験に基づき自らの責任で職務を遂行する。

3 両者の区別に地公法の適用の有無があり、地公法は、原則として一般職の地方公務員に適用されるが、特別職には地公法が適用されることは一切ない。

4 両者の区別に限定列記があり、地公法は、まず一般職の範囲を限定的に列記しており、一般職を除いた一切の地方公務員の職を特別職としている。

5 両者の区別に終身職の有無があり、一般職は原則として終身職であるが、特別職は一定の任期を限って任用されるので、再任用職員も特別職である。

ポイント整理
■一般職と特別職の区別の基準

○**限定列記**……地公法は、まず特別職の範囲を限定列記し、特別職を除いた一切の地方公務員の職を「一般職」としている。

○**成績主義**……一般職には成績主義の原則が全面的に適用されるが、特別職には原則として適用されない。

○**地公法の適用**……一般職には、原則として地公法が適用されるが、特別職は、法律に特別の定めがある場合を除き適用されない。だが例外として、平等取扱いの原則や争議行為等の企画、共謀、煽動等の禁止などは特別職にも適用される。

○特別職であっても、人事委員、公安委員には、地公法の服務の規定が適用される。

【No.005 解説】

1　一般職は原則として受験成績や人事評価に基づく任用等の身分取扱いが行われるが、特別職は、「成績主義によることなく」任用される。

2　正解。

3　地公法は、一般職に適用され、原則として特別職には適用されないが、「例外として適用される場合がある」。例えば、平等取扱いの原則や争議行為等の企画、共謀、煽動等の禁止などは特別職にも適用される。

4　地公法は、まず「特別職」の範囲を限定列記し、「特別職」を除いた一切の地方公務員の職を「一般職」としている。

5　一般職は原則として終身職であるが、特別職は一定の任期あるいは雇用期間を限って任用される。しかし再任用職員は「一般職」である。

○**指揮命令関係**……一般職は、上司の命令によって職務を遂行するが、特別職は、法律や自己の学識経験などによって自らの責任で職務を遂行する。

○**終身職**……一般職は原則として終身職であるが、特別職は終身職を前提としない職である。終身職ではないが、再任用職員は「一般職」である。

○**専務職**……一般職は、地方公務員としての職務に従事するが、特別職は、当該公務員としての職務のほか、他の職務を有することも妨げられない。

〔参照条文：法3・4・57〕

6　一般職

【No.006】　一般職に関する記述として、妥当なのはどれか。

1　一般職は、公務員としての性質の濃淡や職務の性質から特別職と区別され、特別職に属する職以外の一切の職であり、再雇用職員も一般職に該当する。

2　一般職は、職種のいかんを問われず、行政職員、教育職員、警察消防職員、単純労務職員、企業職員が該当するが、独法職員は一般職ではない。

3　一般職は、所属する地方公共団体が、都道府県、市町村、特別区のいずれかであるかを問われないが、地方公共団体の組合の職員は特別職である。

4　一般職は、当該地方公共団体の長の事務の執行管理のために置かれる職員であり、長の補助機関に属するすべての者が一般職に該当する。

5　一般職は、正式に任用された職員はもとより、臨時的任用職員であれ条件付採用期間中の職員であれ、任用の種類は問われず一般職である。

ポイント整理
■一般職
○一般職には、(行政職)(教育職)(警察・消防職)(企業職)(単純労務職)がある。

○一般職には、具体的には、以下の者が該当する。

①知事又は区市町村長の補助機関である職員（副知事及び副区市町村長を除く）

②行政委員会事務局の職員

③議会事務局の職員

④公営企業管理者の補助職員（企業職員をいう）

⑤都道府県立の教職員、区市町村立の教職員

【No.006 解説】
1　一般職は、公務員としての性質の濃淡や職務の性質から特別職と区別され、特別職に属する職以外の一切の職であるが、退職後の再雇用職員は「特別職」に該当する。

2　一般職は、職種のいかんを問われず、行政職員、教育職員、警察消防職員、単純労務職員、企業職員が該当するが、「独法職員も一般職である」。

3　一般職は、所属する地方公共団体が、都道府県、市町村、特別区「及び地方公共団体の組合」のいずれかであるかを問われない。

4　一般職は、当該地方公共団体の長の事務の執行管理のために置かれる職員で、長の補助機関に属する職員が該当するが、「ただし補助機関に属しても副知事及び副区市町村長は除かれる」。

5　正解。

⑥警視庁職員（警視正以上の階級にある警察官は一般職の「国家公務員」である）

⑦消防職員

⑧単純労務に雇用される職員

⑨臨時的任用職員

⑩再任用職員

⑪任期付職員

⑫任期付研究員

〔参照条文：法3・57、負担法1、警察56、任期付1、任期研1〕

【No.007】 **特別職**に関する記述として、妥当なのはどれか。

1 特別職は、地公法に限定列記されており、特別職の範囲は狭く、地公法の規定が適用されないことから、地公法には特別職に関する規定が一切ない。
2 特別職には、長が議会の同意を得て選任される職があり、例として教育長が該当し、教育長に選任された者には地公法が適用されるので一般職である。
3 特別職は、特殊な立場に立つことから、一般職と異なって、地公法上の平等取扱いの原則や争議行為等の企画・煽動などの規定も適用されない。
4 特別職には、一般職との兼職が禁止されているが、例外として一般職との兼職が認められる場合には、その面において地公法が適用される。
5 特別職にも、業務に対する反対給付が支給されることになるので、特別職には報酬が支給され、給与が支給されることは一切ない。

ポイント整理
■特別職
● **限定列記**……特別職を除いた一切の地方公務員の職が「一般職」である。
● **成績主義**……特別職には、成績主義の原則が全面的に適用されない。
● **地公法の適用**
○ 特別職には、原則として地公法の規定が適用されないが、地公法の目的を定めた第1条や地公法の優先を定めた第2条などは、特別職を含むすべての地方公務員を対象とする規定である。
○ 特別職にも、平等取扱いの原則や争議行為等の企画、共謀、煽動等の禁止などの規定が適用される。
○ 特別職であっても、人事委員、公安委員には、地公法の服務の規定が適

【No.007 解説】

1　特別職は、地公法に限定列記されており、特別職の範囲は狭く、「原則として」地公法の規定が適用されないが、「地公法の目的を定めた第1条や地公法の優先を定めた第2条などは、特別職を含むすべての地方公務員を対象とする規定である」。

2　特別職には、長が議会の同意を得て選任される職があり、例として教育長が該当するが、教育長に選任された場合でも、法改正で「地公法が適用されなくなり」、「特別職」となる。

3　特別職は、原則として地公法の規定が適用されない。しかし地公法上の平等取扱いの原則や争議行為等の企画・煽動などは「広く国民のすべてに適用されるので、当然に特別職にも適用される」。

4　正解。

5　特別職にも、業務に対する反対給付が支給されるので、特別職には原則として報酬が支給される。「だが特別職に給与が支給されることもある」。例えば、副知事や副区市町村長には給与が支給される。

　　用される。

○特別職は、一般職との兼職が禁止されているが、例外として一般職との兼職が認められる場合には、その面において地公法が適用される。

●**終身職**……特別職は終身職を前提としない職である。

●**反対給付**…特別職には、反対給付として報酬が支払われるが、特別職でも給与が支払われる者もいる。

●**専務職**……特別職は、当該公務員としての専務職のほか、他の職務を有することも妨げられない。

〔参照条文：法3〕

【No.008】 **特別職の範囲**に関する記述として、妥当なのはどれか。

1 特別職には、随時に地方公共団体の業務に参画する職業的でない職があり、この職の例として、諮問機関として設置する審議会の委員が該当する。

2 特別職には、就任について議会の同意を要する職があり、この職の例として、長が議会の同意を得て選任する選挙管理委員会の委員が該当する。

3 特別職には、任用について外部からの公募により採用される職があり、この職の例として、特定地方独立行政法人に採用された職員が該当する。

4 特別職には、長や議長などが任意に任用する職があり、この職の例として、長や議会の議長や地方公営企業の管理者の秘書が該当する。

5 特別職には、終身職としての性格を有せず一定の任期を定めて任用される職があり、この職の例として、再任用職員が該当する。

ポイント整理
■特別職の範囲
①就任について公選又は地方公共団体の議会の選挙、議決・同意によることを必要とする職
●**公選**による者…地方公共団体の長、議会の議員、農業委員会の一部の委員、海区漁業調整委員が該当する。
●**議会の選挙**による者…選挙管理委員が該当する。
●**議会の同意**による者…副知事及び副区長市町村長、監査委員、教育長及び委員、人事委員、指定都市の総合区長、公安委員、固定資産評価審査委員、収用委員が該当する。
○教育長は、従来、地公法が適用され一般職扱いとされていたが、平成26年の法改正で地公法が適用されなくなり「特別職」となる。
②**地方公営企業の管理者**及び企業団の企業長の職
③法令又は条例、地方公共団体の規則若しくは規程により設けられた**委員及び委員会**（審議会その他を含む）の構成員の職で、**臨時又は非常勤の**者

【No.008 解説】

1　正解。

2　特別職のうち、就任について議会の同意を要する職には、副知事及び副区市町村長、教育長及び委員、監査委員などが該当するが、選挙管理委員会の委員は「議会の選挙による」。

3　特別職のうち、任用について外部からの公募により採用される職には、特定地方独立行政法人に採用された「役員」が該当する。特定地方独立行政法人に採用された職員は「一般職」である。

4　特別職のうち、長等が任意に任用する職には、長や議会の議長や地方公営企業の管理者の「条例で指定する秘書」が該当する。条例によらない秘書は一般職である。

5　特別職のうち、終身職としての性格を有せず、一定の任期を定めて任用される職には、「嘱託員（再雇用職員）など」が該当する。再任用職員は「一般職」である。

④都道府県の**労働委員会の委員**で常勤の者
　（労働委員には常勤と非常勤がいるが、常勤も非常勤と変わらないので、同じ特別職と位置づけられている）

⑤臨時又は非常勤の**顧問**、**参与**、**調査員**、**嘱託員**及びこれらの者に準ずる者の職
　（非常勤の公民館長、非常勤の学校医、公立学校の非常勤講師、体育指導員、非常勤の統計調査員、民生委員などが該当する）

⑥地方公共団体の長、議会の議長その他地方公共団体の機関の長の**秘書**の職で**条例で指定**する者
　（一般職の者が特別職の秘書となる場合には一般職を退職する必要がある）

⑦**非常勤の消防団員及び水防団員**の職

⑧**特定地方独立行政法人の役員**（役員として理事長、副理事長、理事及び監事が置かれる）

〔参照条文：法 3、自治 17・162・182・196、地教行法 4、警察 39、漁業 85、労組法 19 の 12、農業 7〕

【No.009】 **任命権者**に関する記述として、妥当なのはどれか。

1 任命権者は、任命権者が人事権を行使する観点から、地公法に限定列挙されており、地公法に具体的に明示された者以外の者は任命権者になり得ない。
2 任命権者は、地方公共団体の長のように執行機関に位置づけされており、その点で、地方公営企業管理者は長の補助機関であるので任命権者ではない。
3 任命権者は、職員の任命、人事評価、休職、免職及び懲戒処分のほか、営利企業への従事等をする場合における許可を与える権限を有している。
4 任命権者は、毎年、職員の任用、人事評価、給与、勤務時間その他の勤務条件など人事行政の運営状況を人事委員会に報告しなければならない。
5 任命権者は、任命権の一部を補助機関である上級の地方公務員に委任することができるが、別段の規定がなくとも受任者はさらに再委任ができる。

ポイント整理
■任命権者
○任命権者とは、地公法並びにこれに基づく条例、規則及び規程に従い、職員の任命、休職、免職及び懲戒などを行う権限を有する者である。

●任命権者
①地方公共団体の長
②議会の議長
③行政委員会（公安・労働・収用に例外あり）
④警視総監（道府県警察本部長）、消防総監（市町村の消防長）、地方公営企業の管理者
⑤法律又は条例に基づく任命権者

○任命権者は、執行機関と必ずしも一致しない場合がある。
○公安委員会は、警察を管理する執行機関ではあるが、警察職員の任命権者は警視総監又は道府県警察本部長である。
○労働委員会と収用委員会の事務局職員の任命権者は、知事である。
○出納員その他の会計職員の任命権者は、知事又は区市町村長である。

【No.009 解説】
1　任命権者は人事権を行使する。任命権者は、地公法に列挙されているが「限定列挙ではない」。地公法に「その他法令又は条例に基づく任命権者」を予定している。
2　任命権者は、地方公共団体の長などのように執行機関が多い。地方公営企業管理者は長の補助機関であり執行機関ではないが「任命権者に含まれる」。
3　正解。
4　任命権者は、毎年、職員の任用、人事評価、給与、勤務時間その他の勤務条件など人事行政の運営状況を「地方公共団体の長」に報告しなければならない。
5　任命権者は、任命権の一部を補助機関である上級の地方公務員に委任することができるが、法律に定めがある場合を除き、受任者はさらに「再委任することができない」。ただし教育委員会には地教行法による例外規定がある。

○任命権者は、毎年、職員の任用、人事評価、給与、勤務時間その他の勤務条件など人事行政の運営状況を「地方公共団体の長」に報告しなければならない。
○県費負担教職員の任命権者は、都道府県の教育委員会である。

■**任命権の委任**

［**委任**］の条件
①委任は任命権者の人事権の一部である。
②任命権者の補助機関に委任できる。
③補助機関の上級の地方公務員に委任できる。

→

［**受任**］の条件
①自己の名と責任で権限を行使する。
②再委任はできない。

○任命権者は、任命権の一部を補助機関である上級の地方公務員に委任することができるが、法律に定めがある場合を除き、受任者はさらに再委任することができない。

〔参照条文：法6・58の2〕

【No.010】 **人事委員会**に関する記述として、妥当なのはどれか。

1 　人事委員会は、都道府県に必ず置かなければならない機関であり、区市町村には人事委員会又は公平委員会のいずれかを設置することとされている。
2 　人事委員会は、任命権者の人事権が適正に執行されるよう、助言、審査等を行う行政委員会であるが、議会及び長から独立した人事行政機関ではない。
3 　人事委員会は、国の人事院にならって5人の委員で構成され、委員それぞれが単独で職務権限を行使することができる独任の制度を採用している。
4 　人事委員会は、職員の競争試験及び選考を実施する権限を有するが、委員会の独立性を確保するため、この権限を他の機関に委任することはできない。
5 　人事委員会は、地公法上、複数の団体が共同して設置することはできないが、公平委員会は、事務の簡素化や能率化のために共同設置ができる。

ポイント整理
■人事委員会
○人事委員会は、任命権者の人事権が適正に執行されるよう、助言、審査等を行う行政委員会であり、議会及び長から独立した人事行政の専門的な執行機関である。
●人事委員会の設置

	人事委員会	公平委員会
● ［都道府県］及び［指定都市］	必置	———
● ［指定都市以外の人口15万以上の市］及び［特別区］	どちらかを必置	
● ［15万未満の市］、「町村」、［地方公共団体の組合］	———	必置

○**財産区**には独自の職員を置くことを想定していないから、人事委員会又は公平委員会は置かれない。

【No.010 解説】
1　人事委員会は、都道府県及び「指定都市」に必置の機関であり、指定都市以外の人口 15 万以上の市及び特別区は、人事委員会又は公平委員会のいずれかを設置することとされている。なお人口 15 万未満の市、町村及び地方公共団体の組合は公平委員会を置くこととされている。
2　人事委員会は、任命権者の人事権が適正に執行されるよう、助言、審査等を行う行政委員会であり、議会及び長から「独立した人事行政の専門的な執行機関である」。
3　人事委員会は、国の人事院にならって「3 人」の委員によって構成され、「合議制」を採用している。
4　人事委員会は、職員の競争試験及び選考を実施する権限を有するが、職員の競争試験及び選考を実施する権限など、「人事委員会規則で定めるものを当該地方公共団体の他の機関又は人事委員会の事務局長に委任することができる」。
5　正解。

○地公法には公平委員会同士の「**共同設置**」規定があるが、人事委員会同士の共同設置規定はない。人事委員会同士の共同設置は自治法による。
○人事委員会は、職員の競争試験及び選考を実施する権限など、人事委員会規則で定めるものを当該地方公共団体の他の機関（任命権者等）又は人事委員会の事務局長に**委任**することができる。
○公平委員会の事務に限り人事委員会への**委託**が認められるが、他の公平委員会への事務委託は認められない。
■**特別区人事委員会**
○特別区人事委員会は、23 区が共同して設置する「**一部事務組合**」（特別区人事・厚生事務組合）の中の「1 機関」として設置されている。
○自治法における「一部事務組合」による人事委員会の設置は、他の地方公共団体の人事委員会と異なっている。

〔参照条文：法 7、自治 284〕

【No.011】　**人事委員会の委員**に関する記述として、妥当なのはどれか。

1　人事委員会の委員は、委員が心身の故障のため職務の遂行に堪えないと認める場合を除き、それ以外の事由でその意に反して罷免されることはない。

2　人事委員会の委員は、地公法に規定する罪を犯し刑に処せられたとき、又は欠格条項に該当するときには、当該人事委員は失職することになる。

3　人事委員会の委員は、当該地方公共団体の地方公務員との兼職が禁止されていることから、当該人事委員会の事務局長の職を兼ねることはできない。

4　人事委員会の委員のうち、2人以上が同一の政党に属することとなった場合には、長は、いずれかの委員を議会の同意を得ることなく罷免できる。

5　人事委員会の委員は、地方公共団体の長から独立した地位を保つため、人格が高潔で地方自治の本旨に理解ある者の中から議会の選挙で選任される。

ポイント整理
■人事委員会の委員
○**委員数**……委員は、**3名**で構成される。原則3名が出席しなければ会議を開けない。
○**選任**……委員は、「人格が高潔」で「地方自治の本旨に理解」があり、かつ「人事行政に関し識見を有する者」の中から、長が議会の同意を得て選任される。年齢制限はない。
○**欠格**……委員は、欠格条項に該当することができない。
○**失職**……委員は、地公法に定める罪を犯し刑罰に処せられたときは失職する。

【No.011 解説】

1　人事委員会の委員は、委員が心身の故障のため職務の遂行に堪えないと認める場合、又は「委員に職務上の義務違反その他委員たるに適しない非行があると認める場合」を除き、その意に反して罷免されることはない。

2　正解。

3　人事委員会の委員は、当該団体の地方公務員との兼職が禁止されているが、例外として地公法に基づき当該人事委員会の事務局長の職を兼ねることが「できる」。

4　人事委員会の委員のうち２人以上が同一の政党に属することとなった場合、長は、これらの者のうち「新たに政党に加入した委員」を議会の「同意を得て」罷免することができる。

5　人事委員会の委員は、人格が高潔で地方自治の本旨に理解があり、かつ人事行政に関し識見を有する者の中から、「長が議会の同意を得て選任される」。

○**罷免**……委員は、心身の故障又は非行に限り、議会の同意手続を経て長から罷免される。

○**勤務**……人事委員は常勤又は非常勤、公平委員は非常勤である。

○**適用**……委員は、常勤は地公法の服務規定の全部、非常勤は地公法の服務規定の一部が適用される。

○**兼職**……委員は、当該地方公共団体の地方公務員との兼職が禁止されているが、当該人事委員会の事務局長の職を兼ねることはできる。

○**政党**……委員のうち２人が同一政党に属することはできない。

○**解職**……委員には、直接請求による解職請求の適用がない。

〔参照条文：法９の２・16〕

【No.012】　**人事委員会の権限**に関する記述として、妥当なのはどれか。

1　人事委員会は、独立の行政機関として立法的な権限を有しており、この権限に基づき、当該人事委員会に必要な条例及び規則を制定することができる。

2　人事委員会は、行政的権限、準立法的権限及び準司法的権限を有しており、これらの権限は一切、地方公共団体の他の機関に委任することはできない。

3　人事委員会は、行政的権限、準立法的権限及び準司法的権限の3つの権限を有するが、これらの権限のうち行政的権限のみを公平委員会も有する。

4　人事委員会は、職員の競争試験及び選考を実施する権限など、人事委員会規則で定めるものを、任命権者や人事委員会の事務局長に委任できる。

5　人事委員会は、準司法的権限として勤務条件に関する措置要求の審査権を有するが、裁判所でないことから証人喚問の権限までは認められていない。

ポイント整理
■人事委員会の権限
○人事委員会及び公平委員会は、行政的権限、「準」立法的権限及び「準」司法的権限を有しているが、公平委員会の権限は人事委員会の権限の範囲より限定されている。
①準立法的権限……人事委員会は、<u>規則制定権</u>を有する。
②準司法的権限……●<u>勤務条件に関する措置要求</u>を審査する。
　　　　　　　　　●<u>不利益処分に関する審査請求</u>を審査する。
○人事委員会は、準司法的権限に基づき、その権限の行使に関し必要があるときは、書類の提出を求め、証人を喚問することができる。

【No.012 解説】

1　人事委員会は、独立の行政機関として「準」立法的な権限を有しており、この権限に基づき、当該人事委員会に必要な「規則を制定する」ことができるが、「条例を制定することはできない」。

2　人事委員会は、行政的権限、準立法的権限及び準司法的権限を有しており、これらの権限のうち、勤務条件の措置要求に対する審査・判定、不利益処分の審査請求の裁決・決定、及び人事委員会規則の制定を「除き」、地方公共団体の他の機関に「委任することができる」。

3　人事委員会は、行政的権限、準立法的権限及び準司法的権限の３つの権限を有しているが、これらの「３つの権限は公平委員会も有する」。だが公平委員会の権限は人事委員会の権限の範囲より限定されている。

4　正解。

5　人事委員会は、準司法的権限として勤務条件に関する措置要求の審査権を有し、「証人喚問の権限も認められている」。

○人事委員会は、勤務条件に関する措置要求に対する審査・判定、不利益処分に関する審査請求の裁決・決定、及び人事委員会規則の制定を「除き」、地方公共団体の他の機関（任命権者等）に委任することができる。

③**行政的権限**……人事委員会は、職員の条例等の制定・改廃について**議会及び長**に意見を申し出るなどの権限を有する。

○職員の競争試験及び選考を実施する権限など、人事委員会規則に定めるものを当該地方公共団体の他の機関（任命権者等）又は人事委員会の事務局長に委任することができる。

〔参照条文：法８・18・26・46・49の２〕

【No.013】 人事委員会の**行政的権限**に関する記述として、妥当なのはどれか。

1 人事委員会は、行政機関であるから、行政的権限に基づき、現業職員の勤務条件に関し、労働基準監督機関としての職権を行使することができる。

2 人事委員会は、行政的権限に基づき、職員団体の登録に関する事務のみならず、その登録の効力の停止及び取消に関する事務も執行することができる。

3 人事委員会は、行政的権限に基づき、職員に関する条例等の制定改廃について長に意見を申し出ることができるが、議会には申し出ることができない。

4 人事委員会は、行政的権限に基づき、人事行政の運営に関する事項について、地方公共団体の長及び議会に対して勧告することができる。

5 人事委員会は、行政的権限に基づき、毎年少なくとも1回、給料表に関し長及び議会に対し報告するとともに、同時に勧告しなければならない。

ポイント整理
■行政的権限
○人事委員会の行政的権限で、主なものを挙げると、次のとおりである。

①職員の**条例等の制定・改廃**について「**議会**」及び「**長**」に「**意見**」を申し出ること。

②人事行政の「**運営**」に関し「**任命権者**」に**勧告**すること。

③人事行政に関する調査、研究、立案、企画などを行うこと。

【No.013 解説】

1　人事委員会は、行政機関であるから、「非」現業職員の勤務条件に関し、労働基準監督機関としての職権を行使する権限を有する。

2　正解。

3　人事委員会は、職員に関する条例等の制定改廃について、長及び「議会」に対し意見を申し出ることができる。

4　人事委員会は、人事行政の運営に関する事項について、「任命権者」に対して勧告することができる。

5　人事委員会は、毎年少なくとも1回、給料表に関し長及び議会に対し報告しなければならないが、「給料表の勧告は、毎年1回ではなく必要があるときに行われる」。

④競争試験又は選考を実施すること。

⑤給料表に関し、「議会」及び「長」に対して「報告」又は「勧告」すること。（●少なくとも年1回、給料表が適当であるかの報告は義務であるが、給料表の勧告は任意である。）

⑥職員団体の「登録」及びその「取消」に関する事務を執行すること。

⑦「非現業職員」の勤務条件に関し、労働基準監督機関としての職権を行使すること。（●人事委員会が労働基準監督機関となる職員は、非現業職員であり、企業職員及び単純労務職員の以外の職員である。）

⑧給与、勤務時間その他の勤務条件に関し講ずべき措置を「議会」及び「長」に「勧告」すること。

〔参照条文：法8・18・26・53・58〕

14　人事委員会の会議

【No.014】　**人事委員会の会議**に関する記述として、妥当なのはどれか。

1　人事委員会は、原則として委員の全員が出席しなければ会議を開くことができず、人事委員会の議事は、出席委員の過半数で決することになる。

2　人事委員会は、独立の執行機関であるから、議決すべき事項で緊急性を要するときは、会議を招集することなく持ち回りで決定することができる。

3　人事委員会の議事が公平に行われるために、人事委員の配偶者、血族又は姻族である職員に係るものであるときは、当該人事委員は当然に除斥される。

4　人事委員会の会議は、人事委員に病気や旅行などの事故のために出席できない理由がある者があるときには、残りの者で会議を開くことができる。

5　人事委員会の議事は、多数決の原則に従い出席議員の過半数で決定するが、委員の棄権により可否同数のときは、委員長が裁決権を有している。

【No.014 解説】

1 　正解。

2 　人事委員会は、独立の執行機関であるが、議決すべき事項で緊急性を要するときでも、会議を招集することなく、持ち回りによって決定することは「できない」。

3 　人事委員会の議事が、人事委員の配偶者、血族又は姻族である職員に係るものであっても、当該人事委員は「除斥されない」。

4 　人事委員会の会議は、人事委員に病気や旅行などの事故で出席できない者があるときには、「特定の理由がない限り」、会議を開くことが「できない」。

5 　人事委員会の議事は、多数決の原則に従い出席議員の過半数で決定するが、委員の棄権により可否同数のときは、「法律上の規定がないので」、委員長に「裁決権はない」。

ポイント整理
■人事委員会の会議
○**会議**……人事委員会は、3人（**全員**）の委員が出席しなければ会議を開くことができない。ただし、会議を開かなければ公務の運営又は職員の福祉若しくは利益の保護に著しい支障が生ずると認める十分な理由があるときは、2人の出席で会議を開くことができる。

○**裁決**……人事委員会の議事は、出席委員の**過半数**で決する。委員長に裁決権はない。

○**議事**……人事委員会の議事は、議事録として記録して置かなければならない。

○**持回り**……委員会の議事で決定すべき事項を、会議を招集することなく、持ち回りによって決定することはできない。

○**除斥**……委員は、委員の配偶者その他の親族と関係のある事案についても、「**除斥又は忌避**」はあり得ない。

〔参照条文：法11〕

【No.015】　**任用の根本基準**に関する記述として、妥当なのはどれか。

1　職員の任用は、人事行政の重要な部分であり、成績主義の原則に従わなければならず、受験成績又は人事評価に限って任用を行わなければならない。

2　職員の任用は、公務能率を増進する点で成績主義の原則（メリット・システム）に基づくが、猟官主義（スポイルズ・システム）の排除ではない。

3　職員の任用は、成績主義の原則を明らかにしているが、この成績主義の原則に違反して任用を行った者に対しては、地公法上の罰則の定めがない。

4　職員の任用の原則には、成績主義の原則のほかに平等取扱いの原則があるが、職員団体の活動等による不利益取扱いの禁止は任用の原則ではない。

5　職員の任用とは、任命権者がある特定の人を地方公務員として採用したり、昇任させたりして、特定の職に就ける行為をいい、身分と職は一体である。

ポイント整理
■任用の根本基準
○**任用とは**、任命権者が「**特定の者**」を「**特定の職**」に就けることである。
○任用に関する原則には、次のものがある。
①成績主義の原則……………「**メリット・システム**」
○成績主義の原則の主なる目的は、「政治的関与を排除するため」である。
○職員の任用を行う場合は、受験成績、人事評価その他の能力の実証に基づいて行わなければならない。
○成績主義の基本となる能力は、採用試験又は昇任試験で示された受験者の成績、人事評価によって示された勤務実績、あるいは医師、保健師など法律に基づく免許、一定の勤務経歴や一定の学歴など、客観的に実証し得るものでなければならない。
○成績主義の原則は、単に任用の根本基準にとどまるものではなく、それ以外の身分取扱い、例えば、給与の決定についても当然に妥当する。
○成績主義の原則（メリット・システム）に反する任用を企てたり、命じたり、あるいはほう助した者は、「罰則の対象」となる。

【No.015 解説】

1　職員の任用は、人事行政の重要な部分であり、成績主義の原則に従って、受験成績、人事評価、「その他の能力の実証」に基づいて行わなければならない。

2　職員の任用は、適材を確保し公務能率を増進する点から、成績主義の原則（メリット・システム）に基づくことを明らかにし、猟官主義（スポイルズ・システム）を「排除する」。

3　職員の任用は、成績主義の原則を明らかにし、この成績主義の原則に違反して職員の任用を行った者に対しては、地公法上の「罰則の定めがある」。

4　職員の任用の原則には、成績主義の原則のほかに、平等取扱いの原則及び職員団体の活動等による不利益取扱いの禁止が「ある」。

5　正解。

（身分のみを有して職を有しない任用は考えられない）

②平等取扱いの原則……………「民主性を保障」

○すべて「国民」は、この法律の適用について、平等に取扱わなければならず、人種、信条、性別、社会的身分若しくは門地によって、又は地公法第16条第5号に規定する場合を除く外、政治的意見若しくは政治的所属関係によって差別されない。

○国民とは日本国籍を有する者を指し、外国人は含まれない。

○平等取扱いの原則は、単なる宣言規定ではなく、実体的な規定である。

○合理的な差別は許される。

○差別された職員は、不利益処分に関する審査請求ができる。

○平等取扱いの原則に違反した場合には、「罰則の対象」となる。

③不利益取扱い禁止の原則

○任用の原則には、成績主義の原則のほかに、職員団体活動等による「不利益取扱いの禁止」がある。

〔参照条文：法13・15・17・56・61、憲14〕

【No.016】 **成績主義の原則**に関する記述として、妥当なのはどれか。

1　成績主義の原則は、公務に有能な人材を配置し公正な人事管理を行うことで、行政全般の能率を向上させ、住民への奉仕を図ることを目的としている。

2　成績主義の原則は、能力実証主義に基づき、メリット・システムの弊害を排除するために導入された原則であり、スポイルズ・システムとも呼ばれる。

3　成績主義の原則は、人事行政の公正の確保を図る原則であり、職員の採用及び昇任についてはこの原則が適用されるが、職員の降任には適用されない。

4　成績主義の原則は、職員の任用に際し能力の実証に基づく原則であり、免許を有することや一定の勤務実績を有することは能力実証から除外される。

5　成績主義の原則は、すべての一般職の職員の任用における根本基準であるが、成績主義の原則に反して任用を行った任命権者には罰則の規定がない。

ポイント整理

■成績主義（メリット・システム）の原則の確立

○成績主義の原則は、公務に有能な人材を配置し、公正な人事管理を行うことで、行政全般の能率を向上させ、それにより住民に対する奉仕を図ることを目的としている。

○地公法は、職員の採用などを党派的利益や政治的功績により行うスポイルズ・システム（猟官主義）による情実人事の弊害を排除するため、メリット・システム（成績主義）に基づいている。

○成績主義は、任用の根本基準であり、職員の任用である採用、昇任、降任及び転任に及ぶ。

○成績主義は、任用の根本基準にとどまらず、それ以外の身分の取扱い、例えば、給与の決定にも妥当する。

【No.016 解説】

1　正解。

2　成績主義の原則は、能力実証主義に基づき、「スポイルズ・システム」の弊害を排除するために導入された原則であり、「メリット・システム」とも呼ばれる。

3　成績主義の原則は、人事行政の公正の確保を図る原則であり、職員の採用及び昇任のみならず、降任についても「適用される」。降任は職員の職務遂行能力を欠く場合に適用される。

4　成績主義の原則は、職員の任用に際し能力の実証に基づく原則であり、免許を有することや一定の勤務実績を有することも「能力実証方法の一つである」。

5　成績主義の原則は、すべての一般職の職員の任用における根本基準であり、成績主義の原則に反して任用を行った任命権者については「罰則の規定がある」。

○成績主義を実現させる重要な手続は、競争試験・選考や人事評価である。
○成績主義は、正式任用の形式であるが、臨時的任用の場合にも一応成績主義の適用があるものと解されている。
○成績主義は、能力の実証に基づくが、能力の実証には免許を有することや一定の勤務実績を有することも、能力実証方法の一つである。
○成績主義の原則は、任用における根本基準であることから、任用違反者には、3年以下の懲役又は100万円以下の罰金が科せられる。

〔参照条文：法 15・61〕

【No.017】 **欠格条項**に関する記述として、妥当なのはどれか。

1 職員が欠格条項に該当する者であると採用後に判明した場合、当該採用は無効であるため、当該職員に支給された給与は当然に返還される。

2 現に職員である者は、欠格条項に該当する場合でも職員の身分を失うことはなく、身分を失わせるには必ず免職処分によらなければならない。

3 職員に対する欠格条項は、任用を制約する条件であるから、当然に制限列挙であるが、例外として条例で特例を定めることができる場合がある。

4 職員になることを希望する者が、欠格条項の該当者である場合においては、職員としての採用は否定されるが、受験資格までは否定されない。

5 職員が欠格条項に該当するときの職員とは、一切の地方公務員をいうのであるから、欠格条項は、一般職に限らず特別職にも原則として適用される。

ポイント整理
■欠格条項
○欠格条項とは「職員になれず」又は「競争試験や選考を受けることができない者」の要件をいう。
○欠格条項は、一般職の地方公務員に適用され、特別職には原則として適用されない。
●地公法が規定する「欠格条項」は、次の5項目である。
[1] **成年被後見人又は被保佐人**
[2] **禁錮以上の刑**（禁錮、懲役、死刑）**に処せられ服役中の者又は刑の執行猶予中の者**
[3] **当該地方公共団体で懲戒免職を受け当該処分の日から2年を経過しない者**
[4] **人事（公平）委員の職にあって、地公法の罰則を受けた者**
[5] **憲法又はその下に成立した政府を暴力で破壊することを主張する政党その他の団体を結成し又は加入した者**
●欠格条項の**特例**
○条例で、欠格条項の適用除外（特例）を定めることができる。

【No.017 解説】
1　職員が欠格条項に該当する者であると採用後に判明した場合、当該採用は無効であるが、当該職員に支給された給与は、労働の対価なので、「返還の必要はない」。
2　現に職員である者が、欠格条項に該当する場合には、職員の身分を「失う」。「免職処分による必要はない」。
3　正解。
　　（交通事故を起こし禁錮以上の刑に処せられた者に対し、その情状により特例が認められる場合がある）
4　職員になることを希望する者が、欠格条項の該当者である場合においては、職員としての採用及び受験資格の「２つが否定される」。
5　職員が欠格条項に該当するときの職員とは、一切の「一般職」の地方公務員をいうのであるから、「欠格条項は原則として特別職には適用されない」。

○条例で定めることができる適用除外規定は、失職をしない特例規定であり、欠格条項の追加はできない。（交通事故で禁錮刑以上の場合の情状酌量を条例で定める場合がある）
●欠格条項該当者の**取扱い**
①欠格条項に反する「**採用**」は……………………　当然に「**無効**」である。
○欠格条項に該当するに至ったときは、任命権者による処分を要することなく、失職する。
②その無効は、任用時に遡る。
③欠格条項者が行った行政上の「**行為**」は…………法律上は「**無効**」となるが、
　　　　　　　　　　　　　　　　　善意の第三者に対し「**有効**」として
　　　　　　　　　　　　　　　　　扱われる。
④欠格条項者に支払った「**給与**」は……………………　「**有効**」である。
　その間の労働の対価として「**返還は免除**」される。
⑤欠格条項者には退職手当が支給されない。また退職一時金も支給されない。
⑥欠格条項者に対する通知方法は、無効宣言に類する。任用自体が無効であるので登庁の要なしという通知書でたりる。免職処分にする必要はない。

〔参照条文：法16・28、民法12〕

【No.018】　欠格条項の5項目に関する記述として、妥当なのはどれか。

1　成年被後見人、被保佐人又は破産手続開始の決定を受けた者は、自己の財産に関する管理に制約がある者であることから、欠格条項に該当する。

2　禁錮以上の刑に処せられ、その執行を終わるまでの者は欠格条項に該当するが、仮釈放中の者及び刑の執行猶予中の者は欠格条項に該当しない。

3　地方公共団体において懲戒免職の処分を受けた者は、当該処分の日から2年を経過しない間は欠格条項に該当し、他の地方公共団体の職員となれない。

4　日本国憲法又はその下に成立した政府を暴力で破壊することを主張する政党その他の団体を結成し又はこれに加入した者は、永久に欠格条項者となる。

5　人事委員会又は公平委員会の委員の職にあって、法律に規定する罪を犯し、刑に処せられたときには欠格条項に該当し、その職を失うことになる。

ポイント整理

■地公法が規定する「欠格条項」は、次の5項目である。

[1] **成年被後見人又は被保佐人**

（成年被後見人又は被保佐人の宣告が取消されたときは資格を回復する。被補助人は欠格事由ではない。破産手続開始の決定を受けた者も欠格条項に該当しない）

[2] **禁錮以上の刑**（禁錮、懲役、死刑）**に処せられ服役中の者又は刑の執行猶予中の者**

（刑が不服で控訴している場合には、刑が確定していないので、欠格条項に該当しない）

[3] **当該地方公共団体で懲戒免職を受け当該処分の日から2年を経過しない者**

【No.018 解説】

1　成年被後見人及び被保佐人は欠格条項に該当するが、「破産手続開始の決定を受けた者は欠格条項に該当しない」。

2　禁錮以上の刑に処せられ、その執行を終わるまでの者、及び「仮釈放中の者や刑の執行猶予中の者も欠格条項に該当する」。

3　当該地方公共団体において懲戒免職の処分を受けた者は、当該処分の日から2年を経過しない間は欠格条項に該当するが、他の地方公共団体の職員になることは「可能」である。

4　正解。

5　人事委員会又は公平委員会の委員の職にあって、「地公法」に規定する罪を犯し、刑に処せられたときには、欠格条項に該当し、失職となる。

　　　　　（当該地方公共団体において懲戒「免職」を受けた者に限られる。懲戒免職を受け再度当該地方公共団体の職員になる場合に2年の経過が必要であり、すぐに他の地方公共団体の職員になることを妨げるものではない）

[4] **人事（公平）委員の職にあって、地公法の罰則を受けた者**
　　　　　（人事（公平）委員が地公法の第60条から第63条までの罰則を受けた場合に職員になる資格を失う。罰則は地公法によるものであり、他の法律による罰則ではない）

[5] **憲法又はその下に成立した政府を暴力で破壊することを主張する政党その他の団体を結成し又は加入した者**
　　　　　（その下に成立した政府とは、国の立法、司法、行政の各機関を含むが、地方公共団体の機関は含まれない。その後当該政党その他の団体から脱退しても、永久に欠格条項の該当者となる）

〔参照条文：法16、民法12〕

【No.019】 **任用の種類**に関する記述として、妥当なのはどれか。

1 任用の種類には、採用、昇任、降任及び転任の4種類があり、正式任用のみならず臨時的任用の場合においても4種類の任用を行うことができる。

2 任用の採用は、標準職務遂行能力と職の適性を有するかどうかを採用試験に基づき判定し、一定の勤務経験を有することは能力の実証とはならない。

3 任用の昇任については、人事委員会を置く地方公共団体では選考によることを原則とするが、例外的に競争試験によることも認められている。

4 任用の降任には、職員の意に反する降任と意に反しない降任があるが、前者は、職務上の義務に違反した者などに対する懲戒処分として行われる。

5 任用の採用は、行政処分である相手方の同意を要する。採用内定通知を行ってもそれは準備行為であり、民間企業と異なり、法的効力は認められない。

ポイント整理
■任用の種類

○地公法は、「職員の職に**欠員**が生じた場合」に、「**任命権者**」は、採用、昇任、降任及び転任のいずれかによって、職員を任用することができるとしている。

○職員の任用には、**正式任用**（一般的任用）と**臨時的任用**とがある。

○正式任用（一般的任用）には、採用、昇任、降任及び転任の4つがあり、臨時的任用には、緊急又は臨時の場合などの「採用」と「転任」の任用がある。

■職員の任用は、4つの種類に限定されている。

①**採用**…職員以外の者を職員の職に任命すること（臨時的任用を除く）をいう。

○「**採用**」は、行政処分である相手方の同意を要する。したがって、採用内定通知を行っても、それは準備行為であり、民間企業と異なり、法的効力は認められない。自ら同意をして職員になった後で採用となる。

・採用は、地方公共団体と職員との間で特別権力関係が設定される。

【No.019 解説】

1　任用の種類には、採用、昇任、降任及び転任の4種類があるが、これは正式任用の場合であって、「臨時的任用の場合は採用と転任に限られる」。

2　任用の採用は、標準職務遂行能力と職の適性を有するかどうかの採用試験に基づく判定のみならず、「一定の勤務経験を有することなども能力の実証となる」。

3　人事委員会を置く地方公共団体での昇任については、「競争試験（昇任試験）」又は「選考」によるとされている。

4　職員の意に反する降任は、「懲戒処分ではなく分限処分である」。

5　正解。

②**昇任**…職員をその職員が現に任命されている職より上位の職制上の段階に属する職員の職に任命することをいう。

○「**昇任**」は、職務命令としてなされるものであり、その要件を満たしている限り、職員は、それを拒むことができない。

・昇任は、指定した職に正式任用された職員に限られる。したがって正式任用とされない条件付採用職員を昇任させることはできない。

③**降任**…職員をその職員が現に任命されている職より下位の職制上の段階に属する職員の職に任命することをいう。

○「**降任**」は、昇任の逆であるが、職員に対する不利益な取扱いとなるので、分限処分の事由に該当しない限り行うことができない。

④**転任**…職員をその職員が現に任命されている職以外の職員の職に任命することであって昇任及び降任に該当しないものをいう。

○「**転任**」は、横滑りの異動である。公務員は職による採用ではないので、個別に職員の同意を得ることなしに職種を異にする転任も可能である。

・転任は、横滑りであるから、裁量権の逸脱がない限り、不利益処分の対象とならず、その取消を求める法律上の利益はない。

〔参照条文：法15の2・17・17の2・21の2・21の3・21の5〕

【No.020】　**職員の任用**に関する記述として、妥当なのはどれか。

1　職員の任用は、職中心の考えに基づき、職員の職の欠員の有無にかかわらず、採用、昇任、降任又は転任のいずれかの方法によって行うことができる。
2　職員の任用には、採用、昇任、降任及び転任の4種類があり、地方公共団体の長のみが4つのいずれかによって職員の任用を行うことができる。
3　職員の任用には、採用、昇任、降任及び転任の4種類があるが、降任を行うときは不利益処分であるので、地公法の事由による場合に限られる。
4　職員の任用で、4種類の任命方法のいずれによるべきかは任命権者の判断であり、これについて人事委員会が一般的基準を定めることはできない。
5　職員の任用は、職を前提に具体的に人を充てることを意味し、正式任用と臨時的任用の2つに限定され、これ以外の方法による任用は認められない。

ポイント整理
■職員の任用は、4つに限定されている。
①**採用**…採用試験は、当該採用試験の職の属する職制上の段階の標準的な職に係る標準職務遂行能力及び職の適性を有するかどうかを判定する。
○採用は、人事委員会を「**置く**」地方公共団体は、「**競争試験**」による。ただし、人事委員会が「**規則**」で定める職については、選考によることもできる。
○人事委員会を「**置かない**」地方公共団体は、競争試験又は選考のいずれかによる。
②**昇任**…昇任は、職員の受験成績、人事評価その他の能力の実証に基づき、昇任職の標準職務遂行能力及び職の適性を有するかどうかを判定する。
○昇任は、法改正で、人事委員会を置く又は置かないに関わらず、競争試験又は選考の選択制となる。
○昇任試験を受験できる者は、正式に任用された者に限られる。
③**降任**…降任は、職員の人事評価その他の能力の実証に基づき、任命職の標準職務遂行能力及び職の適性を有する職に任命される。
○降任は、分限処分に該当する場合に行われる。
④**転任**…転任は、任命権者が、職員の人事評価その他の能力の実証に基づ

【No.020 解説】

1　職員の任用は、職中心の考えに基づき、職員の職に「欠員を生じた場合」に、採用、昇任、降任又は転任のいずれかの方法によって行うことができる。

2　職員の任用には、採用、昇任、降任及び転任の4種類があり、「任命権者」が4つのうちのいずれかによって職員の任用を行うことができる。

3　正解。

4　職員の任用で、4種類の任命方法のいずれによるべきかは任命権者の判断であるが、いずれによるべきかについて人事委員会は「一般的基準を定めることができる」。

5　職員の任用は、職を前提に具体的に人を充てることを意味するが、「地公法上では」正式任用と臨時的任用の2つに限定されている。だが「地公法以外による任用として、任期付法や地公育児休業法に基づく任用が認められている」。

き、任命職の標準職務遂行能力及び職の適性を有すると認められる者の中から行われる。

●**標準職務遂行能力**とは、職制上の段階の標準的な職（職員の職に限る）の職務を遂行する上で発揮することが求められる能力として任命権者が定めるものをいう。**標準的な職**は、職制上の段階及び職務の種類に応じて任命権者が定める。（26年の地公法の改正で新設）

○地方公共団体の長及び議会の議長以外の任命権者は、**標準職務遂行能力及び標準的な職**を定めようとするときは、あらかじめ、地方公共団体の長に協議しなければならない。

○人事委員会を置く地方公共団体において、**人事委員会は**、職員を任用する場合、4つの任用の種類のうち、いずれによるべきかについての**一般的な基準**を定めることができる。

○職員の任用は、地公法上では正式任用と臨時的任用の2つに限定されているが、地公法以外による任用として、任期付法や地公育児休業法に基づく任用が認められている。

〔参照条文：法8・17の2・21の3・21の5、任期付1、育休法1〕

【No.021】 **職員の任用の運用**に関する組合せとして、妥当なのはどれか。

A 法令等の規定により、一定の職にある職員が他の一定の職に当然に占める
ものをいう。
B 同一の地方公共団体において、任命権者を異にする機関相互間の職員の交
流に際し行われる命令形式をいう。
C 職員がその職を保有したまま、他の職に任用されることをいう。
D ある職にある職員に対し他の職の職務を行うべきことを命ずることをい
う。
E 職員を、法令に基づく公共機関や公益法人等へ命令することをいう。

	A	B	C	D	E
1	兼 職	あて職	事務従事	派 遣	出 向
2	あて職	出 向	兼 職	事務従事	派 遣
3	あて職	派 遣	兼 職	事務従事	出 向
4	事務従事	出 向	あて職	派 遣	兼 職
5	事務従事	兼 職	あて職	出 向	派 遣

ポイント整理
■任用の「運用」

【No.021 解説】

2　正解。

（A あて職）（B 出向）（C 兼職）（D 事務従事）（E 派遣）

① **兼職**…職員が、その職を保有したまま **他の職に任用** されることをいうものであり、併任、兼務などとも呼ばれる。

② **充て職**…法令等の規定により、一定の職にある職員が、他の一定の職を **当然に占める** ものをいう。

③ **事務従事**…職員に対し、同一地方公共団体の他の任命権者に属する職務を行うことを命ずることをいう。具体的な発令行為の必要はなく、**職務命令** を発すれば足りるものであり、兼職とは異なる。

④ **出向**…同一の地方公共団体において、**任命権者を異にする** 機関相互間の職員の交流に際して行われる発令形式をいう。

⑤ **派遣**…一般には、次の派遣をいう。

○法令に基づく公共機関への派遣、○公益法人等への派遣（外郭団体への派遣）

○国際協力のための外国の地方公共団体の機関等への派遣

●国等への派遣や他の地方公共団体への派遣職員制度も派遣と呼ばれるが、これは広義には「兼職」の一種である。

〔参照条文：自治 180 の 3・252 の 17、地共済法 18、公災補法 13〕

【No.022】 **競争試験及び選考**に関する記述として、妥当なのはどれか。

1 競争試験又は選考によって採用又は昇任を行うことができるが、例外として国等の競争試験又選考の合格者を、選考の合格者とみなすことができる。

2 人事委員会は、競争試験の受験者に必要な資格として、職務の遂行上必要な最少かつ適当の限度の客観的かつ画一的要件を定めることはできない。

3 競争試験又は選考は、人事委員会が行うことができるが、人事委員会を置かない地方公共団体においては任命権者が行う選考に限られている。

4 競争試験により能力を実証する方法は、筆記試験に限定されており、その他の方法により標準職務遂行能力や職の適性を判定することはできない。

5 採用試験の合格者は、得点順に採用候補者名簿に登録され、各任命権者からの請求に応じて高点順に提示され任用されることになる。

ポイント整理
■競争試験と選考
○職員の任用は、能力の実証に基づいて行わなければならないが、任用のうち、「採用と昇任」については、「競争試験又は選考」による。
　〔**競争試験**〕とは、特定の職に就けるべき者を、不特定多数の者のうちから競争によって選抜する方法である。
　〔**選考**〕とは、競争試験以外の能力の実証に基づく試験をいう。特定の者が特定の職に就く能力を有するか否かを判定する方法である。選考を受ける者の間には競争関係はない。

■実施機関
○競争試験又は選考は、人事委員会（人事委員会を置かない地方公共団体においては任命権者）が行うことが原則である。

■競争試験の受験資格
○公務の「平等公開の原則」に基づき、採用試験は一定の受験資格を有するすべての「国民」に対して平等の条件で公開されなければならない。

【No.022 解説】

1　正解。

2　人事委員会は、競争試験の受験者に必要な資格として、職務の遂行上必要な最少かつ適当の限度の客観的かつ画一的要件を定めることが「できる」。

3　競争試験及び選考の「いずれも」、人事委員会及び人事委員会を置かない地方公共団体においては任命権者が「行うことができる」。なお採用は人事委員会を置く地方公共団体は競争試験によるが、人事委員会規則で定める場合には選考も可能である。任命権者は競争試験又は選考による。

4　競争試験により能力を実証する方法は、筆記試験に「限定されず」、その他人事委員会等が定める方法により標準職務遂行能力や職の適性を判定することが「できる」。

5　合格者は採用候補者名簿に登録され、採用候補者名簿には、氏名と得点が記載される。法改正で「得点順の記載の規定は削除」された。

○人事委員会又は任命権者は、採用試験の受験資格として、職務の遂行上必要な最少かつ適当な限度の客観的かつ画一的な要件を定めることができる。

■任用の手続
○競争試験による合格者は、試験ごとに採用候補者名簿、又は昇任候補者名簿に登録され、合格点以上を得た者の「氏名」と「得点」が記載される。

■競争試験及び選考方法の特例
○**共同実施**…人事委員会又は任命権者は、他の地方公共団体の機関との協定によって、競争試験又は選考を共同で実施することができる。

○**実施委託**…人事委員会又は任命権者は、協定によって国又は他の地方公共団体の機関に競争試験又は選考を委託することができる。

○**みなし合格**…「採用候補者名簿がなく」、かつ、「人事行政の運営上必要がある」と認める場合においては、国又は他の地方公共団体において、能力の実証がなされた者を採用する職の選考に合格したものと見なすことができる。

〔参照条文：法17・17の2・18・19・20・21・21の2・21の4〕

【No.023】 条件付採用に関する記述として、妥当なのはどれか。

1 条件付採用制度は、能力を実地に実証する制度であるから、臨時的任用の場合を除き、非常勤職員を含むすべての職員の任用に付されるものである。

2 条件付採用は、原則6か月間であるが、職務の良好な成績により能力が十分に実証された場合には、任命権者はこの期間を短縮することができる。

3 条件付採用期間中に職員の能力が実地において十分に実証できない場合には、任命権者は条件付採用期間をさらに1年間延長することができる。

4 条件付採用期間中の職員は、分限処分が適用されないから、労働基準法に違反しない限り、地公法に定める事由によることなく、免職や休職にできる。

5 条件付採用期間中の職員も、正式に採用された職員と変わるところがないので、勤務条件に関する措置要求や不利益処分に関する審査請求ができる。

ポイント整理
■条件付採用及び臨時的任用

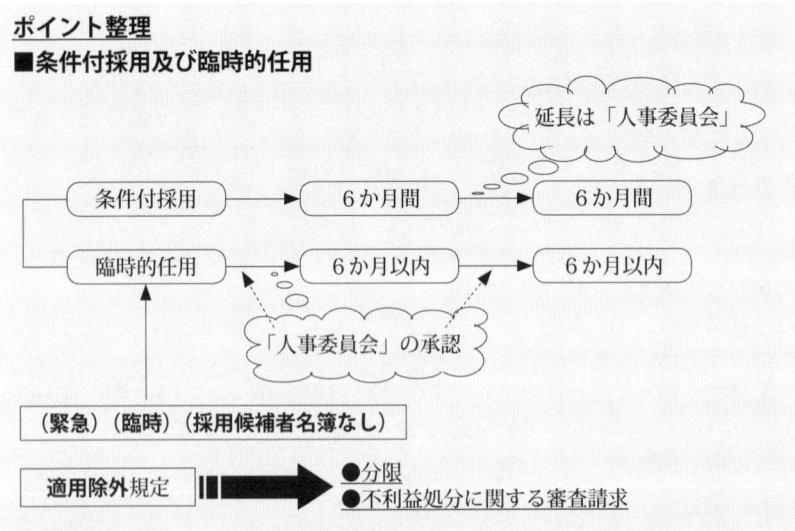

■条件付採用
①臨時的任用職員、非常勤職員、再任用職員を**除く**職員の採用は、条件付

【No.023 解説】

1　条件付採用制度は、能力を実地に実証する制度であるが、臨時的任用の場合、「非常勤職員」及び再任用職員を「除き」、すべての職員の任用において付されるものである。

2　条件付採用は、原則として6か月間である。職員が職務の良好な成績により能力が十分に実証された場合でも、任命権者はこの「期間を短縮することができない」。

3　条件付採用期間中に職員の能力が実地において十分に実証できない場合には、「人事委員会」は条件付採用期間をさらに「1年に至るまで（さらに6か月間）」延長することができる。

4　正解。

5　条件付採用期間中の職員も、原則として正式に採用された職員と変わるところがないので勤務条件に関する措置要求は認められるが、「不利益処分に関する審査請求は認められていない」。

とされる。

②条件付期間は、労働基準法の「**試用期間**」と同じ趣旨である。

③条件付期間中に職務能力の実証が得られないときは、将来に向かって採用を解除できる。

④条件付期間は6か月間であるが、職務能力の実証が得られないときは「**人事委員会**」が**1年に至るまで延長**できる。

⑤条件付職員の転任は可能であるが、昇任は認められない。

⑥条件付職員には、分限及び不利益処分に関する審査請求が適用されない。（例外として条例があれば分限の適用がある場合もある）

⑦条件付職員は、不利益処分を受けても審査請求はできないが、**取消訴訟**を提起することはできる。

⑧条件付期間中に特別の措置を執らない限り正式採用となる。この正式採用には、別段の通知又は発令行為を必要としない。

⑨条件付職員は、服務規律の適用があり、服務規律に違反すると懲戒処分の対象となる。

⑩条件付職員は、勤務条件について不服があるときは勤務条件の措置要求を行うことができる。

〔参照条文：法22・29の2〕

【No.024】　臨時的任用に関する記述として、妥当なのはどれか。

1　臨時的任用は、人事委員会を置く地方公共団体では、緊急の場合又は臨時の職に関する場合に限り、6か月を超えない期間で行うことができる。

2　任命権者は、人事委員会の承認を得て臨時的任用の更新を行うことができるが、さらにもう一度更新する際は6か月以内でなければならない。

3　臨時的任用職員は、実際の勤務を通じて能力の実証が行われることから、任命権者は、臨時的任用職員の正式任用に際し優先権を与えることができる。

4　臨時的任用は正式任用の特例であり、臨時的任用職員には不利益処分に関する審査請求が適用されるが、勤務条件に関する措置要求は適用されない。

5　臨時的任用は、正規職員を補充するまでの措置でありその任用期間は短期間であるが、臨時的任用職員には服務規定及び懲戒処分の規定が適用される。

ポイント整理
■臨時的任用
○臨時的任用は、「**緊急の場合**」「**臨時の職の場合**」「**人事委員会に採用候補者名簿がない場合**」の3つのうち、いずれかに該当する場合に限られる。人事委員会を置かない地方公共団体は「緊急の場合」又は「臨時の職の場合」のいずれかに限られる。

○臨時的任用職員とは、「**一般職**」に属する地方公務員である。

①臨時的任用は、人事委員会の承認を得て、**6か月以内**で行うことができる。この場合、人事委員会の承認を得て、6か月以内で**更新も**できる。その都度の承認に代えて事前に包括的な承認も可能である。

○人事委員会は、臨時的任用につき、任用される者の資格要件を定めることができる。

【No.024 解説】

1　臨時的任用は、人事委員会を置く地方公共団体では、緊急の場合、臨時の職に関する場合のほか、「採用候補者名簿がない場合」に、6か月を超えない期間で臨時的任用を行うことができる。

2　任命権者は、人事委員会の承認を得て臨時的任用の更新を行うことができるが、さらにもう一度更新することは「できない」。更新は1回に限られる。

3　臨時的任用職員には、正式任用に際して、「いかなる優先権をも与えるものではない」。

4　臨時的任用は正式任用の特例である。臨時的任用職員には、不利益処分に関する審査請求が「適用されない」が、勤務条件に関する措置要求は「適用される」。

5　正解。

○人事委員会は、臨時的任用の規定に違反する臨時的任用を取消すことができる。

②臨時的任用は、職員定数にかかわらず採用できる。

③臨時的任用職員には、服務、懲戒に関する規定が適用される。また勤務条件の措置要求を行うことができ、職員団体に加入することもできる。

④臨時的任用職員には、分限及び不利益処分の審査請求が適用されない。だがその取消又は無効の確認を求めて訴訟を提起することはできる。

⑤臨時的任用職員には、「**正式任用に際し優先権が与えられない**」。

⑥臨時的任用職員は、原則として地方公務員等共済組合法及び地方公務員災害補償法の適用を受けない。

〔参照条文：法22・29の2〕

【No.025】 **特別法による任期付職員採用**として、妥当な組合せはどれか。

A 特別法による任期付採用には、任期付法と地公育児休業法とによるものがあり、この特例法を直接根拠に、任命権者は任期を定めた採用ができる。
B 任命権者が任期付採用を行う場合には、人事委員会を置く地方公共団体においては、人事委員会の承認が必要である。
C 任期付採用には、専門的な知識経験によるものと、時限的な業務に対応したものと、短時間勤務によるものとの、3種類がある。
D 任期付採用の専門的な知識経験のうち、高度の専門的知識経験又は優れた識見を有する者を、一般任期付職員という。

1 AB 2 AC 3 AD 4 BC 5 BD

ポイント整理
■特別法による任期付任用
○地公法では、臨時的任用を除き、「期限付の任用」の明確な定めはないが、**「任期付法」**と**「地公育児休業法」**で任期付職員を規定している。
○特別法の規定を受けて、**「条例」**で定めた場合に、任命権者は任期を定めた採用を行うことができる。
○任期付採用職員も、守秘義務、営利企業への従事等の制限などの服務規定の適用を受ける。
○任期付採用を行う場合には、人事委員会を置く地方公共団体において、任命権者は、人事委員会の承認を受けなければならない。

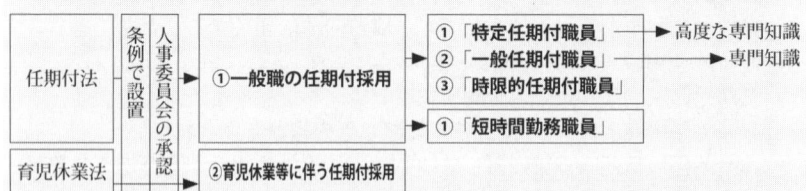

［1］**「一般職の任期付採用」**…一般職の任期付採用には、次の3つがある。
① **「特定任期付職員」**

【No.025 解説】

4　正解。

A　特別法による任期付採用には、任期付法と地公育児休業法とによるものがあり、この特例法の規定を受けて「条例」で定めた場合に、任命権者は任期を定めた採用を行うことができる。

B　正しい。

C　正しい。

D　任期付採用の専門的な知識経験のうち、高度の専門的知識経験又は優れた識見を有する者を、「特定任期付職員」という。

○高度の専門的な知識経験又は優れた識見を有する者を一定の期間活用して遂行することが特に必要とされる業務に従事させる場合、この場合の職員を「**特定任期付職員**」という。

②「**一般任期付職員**」

○専門的な知識経験を有する者を当該専門的業務に従事させる場合で、次のいずれかに該当するとき、この場合の職員を「**一般任期付職員**」という。

ａ専門的な知識経験を有する職員の育成に相当の期間が必要であり、その人材を内部で確保することが一定期間困難である場合

ｂ専門的な知識経験が急速に進歩する技術に係るものであり、その知識経験を有効に活用することが一定の期間に限られる場合

ｃ前記２つの場合に準ずる場合として、条例で定める場合

③「**時限的業務に対応する任期付採用**」

○時限的な業務（一定期間内の業務終了、一定期間の業務量増加）に対応するための任期付採用は、条例の定めるところにより、選考によって採用できる。

［2］「**一般職の任期付短時間勤務職員の採用**」

○短時間勤務職員にかかる任期付採用は、条例の定めるところにより、任期を定めて、選考によって採用できる。

［3］「**育児休業等に伴う任期付採用**」

○育児休業取得又は育児短時間勤務をしている職員の業務を処理するため必要な場合、任命権者は、当該育児休業又は育児短時間勤務の請求期間について、職員を、任期を定めて採用することができる。

〔参照条文：任期付3・4・5、育休法6・18〕

【No.026】 **職員の離職**に関する組合せとして、妥当なのはどれか。

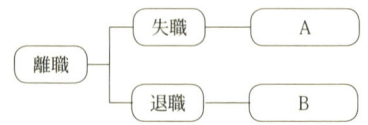

ア：分限免職　イ：欠格条項該当　ウ：辞職　　　　エ：定年退職
オ：懲戒免職　カ：死亡退職　　キ：任期期間満了

1　Aには「ア・イ・ウ・オ」があり、Bには「エ・カ・キ」がある。
2　Aには「ア・イ・オ・キ」があり、Bには「ウ・エ・カ」がある。
3　Aには「イ・ウ・エ・キ」があり、Bには「ア・オ・カ」がある。
4　Aには「ウ・オ・キ」があり、Bには「ア・イ・エ・カ」がある。
5　Aには「イ・エ・キ」があり、Bには「ア・ウ・オ・カ」がある。

ポイント整理
■職員の離職

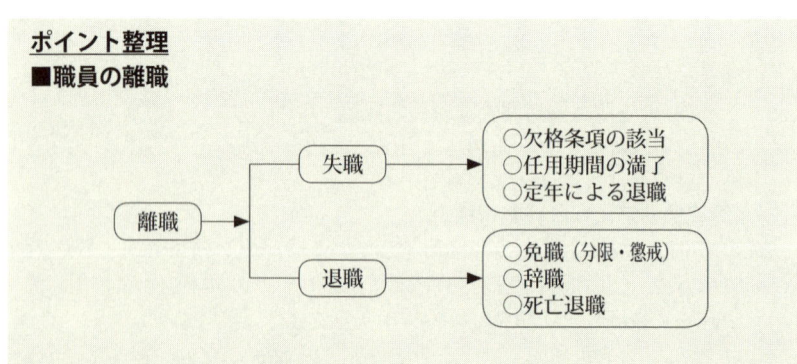

【No.026 解説】

5　正解。

　　失職には、「欠格条項該当・定年退職・任期期間満了」があり、退職には「分限免職・辞職・懲戒免職・死亡退職」がある。

●**離職とは**、職員がその身分（職）を失うことをいう。
○**失職とは**、職員が一定の事由により、当然に離職する場合をいう。
　これには、「**欠格条項**」に該当する場合と、「**任用期間の満了**」、「**定年**」による退職がある。
○**退職とは**、任命権者の行政処分によって離職する場合をいう。
　これには、職員をその意に反して退職させる「**免職**」と、職員がその意に基づき退職する「**辞職**（依願退職）」がある。
　なお、職員が在職中に「**死亡**」したときは、行政処分によらない自然退職となる。

〔参照条文：法 16・28・28 の 2・29〕

【No. 027】　**人事評価**に関する記述として、妥当なのはどれか。

1　人事評価は、職員がその職務を遂行するにあたり発揮した能力及び挙げた業績を評価し、職員の任用、給与の基礎として使用する限定の評価である。

2　人事評価は人事評価の根本基準に基づかなければならず、職員に対する評価は、公正に行わなければならないことを地方公共団体の長に課している。

3　人事評価は、職員の能力と執務に基づき人事管理を推進するため任命権者が必要に応じて行い、その評価の結果に応じた措置を講じなければならない。

4　人事評価の基準及び方法などの人事評価に関する必要な事項は、地方公共団体の長が定めることとなっており、これに人事委員会は関与できない。

5　人事評価は、評価結果に基づき、適切な身分取扱いを行うことによって、職員の士気を高め、公務能率を増進させる制度と位置づけされている。

ポイント整理
■人事評価
○**制度**…人事評価とは、職員の**任用**、**給与**、**分限その他**の人事管理の基礎とするために、職員がその職務を遂行するにあたり発揮した能力及び挙げた業績を把握した上で行われる勤務成績の評価をいう。
○**公正**…職員の人事評価は、公正に行われなければならない。
○**活用**…任命権者は、人事評価を任用、給与、分限その他の人事管理の基礎として活用する。
○**定期**…任命権者は、職員の執務に対して、**定期的**に人事評価を行わなければならない。

【№ 027 解説】

1　人事評価は、職員がその職務を遂行するにあたり発揮した能力及び挙げた業績を評価し、職員の任用、給与のほか、「分限その他の人事管理」の基礎にするための評価である。

2　人事評価は人事評価の根本基準に基づかなければならず、職員に対する評価は、公正に行わなければならないことを「任命権者」に課している。

3　人事評価は、職員の能力と執務に基づいた人事管理を推進するため任命権者が、「定期的」に行い、その評価の結果に応じた措置を講じなければならない。

4　人事評価の基準及び方法などの人事評価に関する必要な事項は、「任命権者」が定めることとなっているが、人事委員会は、人事評価の実施に関し「任命権者に勧告することができる」。

5　正解。

○**事項**…任命権者は、人事評価の基準及び方法に関する事項その他人事評価に関し、必要な事項を定めることができる。

○**協議**…任命権者が、人事評価の基準及び方法などに関する事項を定めるときは、長及び議長以外の者であるときは、あらかじめ長に協議する必要がある。

○**措置**…**任命権者**は、人事評価の実施の結果に応じた**措置**を講じなければならない。

○**勧告**…**人事委員会**は、人事評価の実施に関し、任命権者に**勧告**することができる。

〔参考条文：法 23・23 の 2・23 の 4〕

【No.028】　**定年制等**に関する記述として、妥当なのはどれか。

1　定年制は、地方公共団体の適正な新陳代謝の促進と計画的な人事管理を促進し、行政運営の適正化・効率化を図る制度であり、職員の定年は地公法に定める年齢60歳とされている。

2　再任用制度は、年金制度の延長に合わせ、60歳代前半の生活を雇用と年金により支えるために導入された制度で、定年退職者等を従前の人事評価等に基づく選考により、5年単位で、条例の定めによる。

3　再任用制度には、再任用の常勤職員と同様な形態をとりながら、短時間な勤務により効率的な業務運営を行う制度があり、この短時間勤務職員は一般職の非常勤の職員である。

4　再雇用制度は、定年制の導入にあたり、定年退職者等を対象とする制度であり、再雇用職員は、非常勤の一般職として、各任命権者において任用される。

5　定年延長制度は、業務の円滑な実施上、特定の職員を定年後も引き続き職務を担当させる制度であり、1年単位で、最大限5年以内で認められる。

ポイント整理
■定年退職
○職員の定年は、国の職員に定められている定年を基準として「条例」で定められる。

○職員は、定年に達したときは、定年に達した日以後における最初の3月31日までの間において、条例で定める日に退職する。

○定年による退職は、任命権者の再使用の余地のない自動的退職であり、解雇ではないので労働基準法の解雇制限の適用はなく、解雇予告の適用もない。

○定年制の特例として、当該職員の職務と責任に特殊性がある場合、又は欠員の補充が困難である場合には、当該職員の定年について条例で別の定めをすることができる。

■定年延長
○定年延長は、定年制を基本に置きながら、個々の事務事業の円滑な実施

【No.028 解説】

1　定年制は、地方公共団体の適正な新陳代謝の促進と計画的な人事管理を促進し、行政運営の適正化・効率化を図る制度であり、職員の定年は、「国の職員に定められている定年を基準」として条例で定められる。現在は年齢60歳とされている。

2　再任用制度は、年金制度の延長に合わせ、60歳代前半の生活を雇用と年金により支えるために導入された制度で、定年退職者等を従前の人事評価等に基づく選考により、「1年単位」で、条例の定めによる。

3　正解。

4　再雇用制度は、定年制の導入にあたり、定年退職者等を対象とする制度であり、再雇用職員は非常勤の「特別職」として各任命権者において任用される。

5　定年延長制度は、業務の円滑な実施上、特定の職員を定年後も引き続き職務を担当させる制度であり、1年単位で「最大限3年以内」で認められる。

上、特定の職員に定年後も引き続きその職務を担当させる制度である。

○定年延長は、定年で退職する職員が対象となる。特例定年で退職する者も含まれる。

○定年延長は、公務上特段の必要があることにつき明白な理由がある場合に延長できる。

○定年延長は、その基準を条例で定めなければならない。

○定年延長は、任命権者が決定権を有する。行政委員会がその基準を定める場合には、長と協議する必要がある。

○定年延長された職員の身分は、原則として一般の職員と同じで、分限処分や懲戒処分の適用があり、その他給与条例、退職手当の通算などの適用がある。

○定年延長は、1年単位で、最大限3年以内で認められる。

●再任用制度は、問題№029を参照のこと。

〔参照条文：法28の2・28の3・28の4・28の5・28の6〕

【No.029】 **再任用制度**に関する記述として、妥当なのはどれか。

1 再任用職員の採用は、職員としての勤務実績に基づく採用であり、任用の根本基準に従う必要があることから、条件付採用規定のすべてが適用される。
2 再任用制度は、1年単位で任期が定められ、任期の更新も新たな再任用であり、その際には、従前の人事評価などに基づく選考が行われる。
3 再任用制度は、高齢者の知識・経験を積極的に活用する趣旨であるから、短時間勤務職員を含めて、すべての再任用職員は条例定数外の職員である。
4 再任用制度は、年金の支給年齢の引上げに伴い導入された制度であり、対象となる者は、当該地方公共団体を定年により退職した者に限られる。
5 再任用職員の職には、常時勤務を要する職と短時間勤務の職とがあり、その身分取扱いでは、前者は地公法上の一般職であるが、後者は特別職である。

ポイント整理
■再任用制度………常勤の「一般職」

（常勤）→
①定年者及び準ずる者
②雇用と年金問題に対応する。
③「選考」による。
④「一般職」・「常勤職員」
⑤1年を超えない範囲で・5年まで

（非常勤）
短時間勤務 →
①「職員定数条例」の対象とならない。
②議員・長と兼職できない。

○再任用制度は、年金の支給年齢の引上げに伴い導入された制度である。
○再任用制度は、定年退職者及び定年退職者に準ずる者が対象となる。
○再任用制度は、1年単位で、国が定める任期（5年）までである。
○再任用は、従前の人事評価に基づく能力の実証を要する「選考」により行われる。
○再任用の選考は、任命権者が行う。
○再任用職員には、条件付採用の規定が適用されない。

【No.029 解説】

1　再任用職員の採用は、新規採用であるが、「条件付採用の規定は適用されない」。

2　正解。

3　再任用制度は、高齢者の知識・経験を積極的に活用する趣旨である。再任用職員のうち「常勤職員は条例定数の職員」であるが、非常勤である「短時間勤務職員は条例定数外の職員」である。

4　再任用制度は、年金の支給年齢の引上げに伴い導入された制度であり、対象となる者は、当該地方公共団体を定年により退職した者に「限られず」、定年退職者に準ずる者も対象となる。

5　再任用職員の職には、常時勤務を要する職と短時間勤務の職とがあるが、身分取扱いでは、「ともに地公法上の一般職」である。

○再任用職員は、一般職に属するので、地公法が全面的に適用される。

○再任用職員には、公務災害補償が適用される。

○再任用職員が常勤職員の場合は、職員定数に含まれる。

○再任用職員には、退職前の在職期間中の事由に対し懲戒処分ができる。

○再任用の更新は、任期上限年齢に達する期間内であれば原則可能である。

■短時間勤務職員………非常勤の「一般職」

○短時間勤務職員制度は、上記の常勤の職員と同様な再任用の形態をとりながらも、短時間な勤務とする制度である。

○短時間勤務制度は、定年退職者等で、かつ定年として定められた年齢に達した者だけが対象となる。

○短時間勤務職員は、再任用制度の一つであり、「選考」により採用される。

○短時間勤務職員は、職員定数条例の対象とならない。

○短時間勤務職員は、非常勤であるが、従来の非常勤職員の臨時的又は補助的な業務ではなく、常勤職員と同様な本格的業務に従事できる。

○短時間勤務職員は、議会の議員、長若しくは監査委員などと兼職できない。

〔参照条文：法28の4・28の5・28の6〕

【No.030】　**勤務条件の分類**のＡとＢとして、妥当なのはどれか。

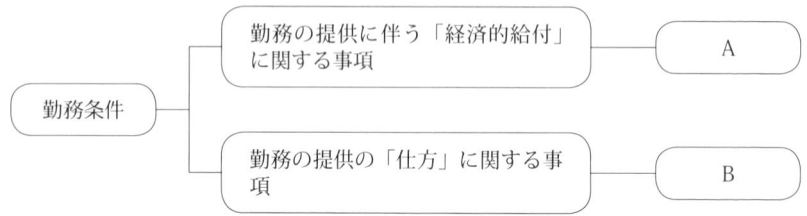

1　Ａには、公務上の災害の補償が該当する。

2　Ａには、勤務時間、休日、休暇、休憩が該当する。

3　Ａには、職場の執務環境である安全、衛生が該当する。

4　Ｂには、勤務に対する反対給付である給与が該当する。

5　Ｂには、職務遂行に要する旅費、被服等の支給が該当する。

【No.030 解説】

　Aは経済的給付であり、Bは経済的給付以外のものである。

1　正解。

2　勤務時間、休日、休暇、休憩は「B」である。

3　職場の執務環境である安全、衛生は「B」である。

4　勤務に対する反対給付である給与は「A」である。

5　職務遂行に要する旅費、被服等の支給は「A」である。

ポイント整理

■**勤務条件とは**、職員が勤務を提供し、又は提供を継続するか否かを決定するにあたって考慮の対象となるべき事項であり、地公法には、給与及び勤務時間その他の勤務条件と規定されている。

■**勤務条件の分類**

勤務条件	勤務提供に伴う「**経済的給付**」に関する事項	●給与　●旅費　●被服　●公務災害補償 ●公務外の傷病扶助
	勤務提供の「**仕方**」に関する事項	●勤務時間・休日・休暇等　●宿日直・時間外勤務　●安全衛生

【No.031】 勤務条件に関する諸原則の記述として、妥当なのはどれか。

1 条例主義の原則により、職員の給与や勤務時間は条例事項とされているが、その他の勤務条件については、条例及び規則で定めることとされている。

2 平等取扱いの原則は、勤務条件の全般にわたる基本原則の最も重要な原則の一つであり、合理的な理由があっても差別を禁止する原則である。

3 情勢適応の原則により、地方公共団体は給与、勤務時間その他の勤務条件が社会一般の情勢に適応するよう毎年、適当な措置を講じなければならない。

4 平等取扱いの原則により、個々の職員の具体的な給与を職務の困難性や責任の度合い、人事評価で決定することは何ら原則に反することではない。

5 情勢適応の原則は、労働基本権の制約の代償措置であり、地公法では勤務条件が社会情勢に対応し適切な措置を講ずべき努力義務を長に課している。

ポイント整理
■勤務条件に関する諸原則
［1］［条例主義の原則］
○職員の給与、勤務時間その他の勤務条件は、「条例」で定められる。
○その理由は、直接間接に住民の負担に基づくことから、その内容を住民に明らかにし、**住民の意思を反映**した条例によって決定されるべきものであることによる。
○条例主義は、団体協約締結権が制限されている職員の勤務条件を保障する機能も果たしている。
［2］［平等取扱いの原則］
○地公法第13条では、「すべて国民は、地公法の適用について、平等に取り扱わなければならず、人種、信条、性別、社会的身分若しくは門地によって、又は第16条5項に規定する場合を除く外、政治的意見若しくは政治的所属関係によって差別されてはならない」と規定している。

【No.031 解説】

1　条例主義の原則により、職員の給与、勤務時間「その他の勤務条件」は、「条例」で定めることとされている。

2　平等取扱いの原則は、勤務条件の全般にわたる基本原則であり、「合理的な理由なくして」差別を禁止する原則である。

3　情勢適応の原則により、地方公共団体は、給与、勤務時間その他の勤務条件が社会一般の情勢に適応するように、「随時」、適当な措置を講じなければならない。

4　正解。

5　情勢適応の原則は、労働基本権の制約の代償措置であり、地公法では、勤務条件が社会情勢に対応し適切な措置を講ずべき努力義務を「地方公共団体」に課している。

○平等取扱いの原則は、**合理的な理由なくして差別することを禁止するものである。**

[3]［情勢適応の原則］

○地公法第14条では、「**地方公共団体は**、給与、勤務時間その他の勤務条件が社会一般の情勢に適応するように、随時、適当な措置を講じなければならない」と規定している。

○地方公務員の場合は、労働基本権が制約されており、また勤務条件は条例で定めることとされている。このため、その代償措置として、職員の給与が社会、経済情勢に適応するように、**随時**、適切な措置を構ずるべき義務を「**地方公共団体**」に課したものである。

○**人事委員会**が、職員の勤務条件について調査を行い、議会や長に報告することなどを定めているのは、情勢適応の原則の現れである。

〔参照条文：法 8・13・14・24・26〕

【No.032】 平等取扱いの原則に関する記述として、妥当なのはどれか。

1 平等取扱いの原則は、憲法に規定する法の下の平等の理念に基づくものであり、民主主義の欠くべからざる基盤として、すべての差別を禁止している。

2 平等取扱いの原則は、採用時から退職時までの過程を規律する地公法の原則であり、職務内容において男女の性別差別を設けることはできない。

3 平等取扱いの原則は、任用の根本基準とされており、地公法の精神に基づいて判断されるが、日本国籍を有しない者にも当然に適用される原則である。

4 平等取扱いの原則の例外として、職員団体に加入し活動を行えば、その活動が適法な場合でも、任用に際して不利益な取扱いを受けることがある。

5 平等取扱いの原則は、勤務条件にも当然に適用されるが、その職務と責任の特殊性に応じてその取扱いに差を設けることは差別にあたらない。

ポイント整理
■平等取扱いの原則
○地公法**第13条**では、「すべて国民は、地公法の適用について、平等に取り扱わなければならず、人種、信条、性別、社会的身分若しくは門地によって、又は第16条5項に規定する場合を除く外、政治的意見若しくは政治的所属関係によって差別されてはならない」と規定している。

○平等取扱いの原則は、すべての国民に適用される。この国民とは**日本国籍を有する者**を意味し、それ以外の者は含まれない。だが外国人を採用することは可能である。

○平等取扱いの原則は、**憲法第14条の規定**を受けたもので、憲法に基づく要請である。

○平等取扱いの原則は、憲法が定める法の下の平等に由来するもので、情勢適応の原則とともに、職員の任用、勤務条件全般にわたる基本原則である。

【No.032 解説】

1 　平等取扱いの原則は、憲法に規定する法の下の平等の理念に基づく要請であり、民主主義の欠くべからざる基盤であるが、民主主義の理念からみて、「合理的差別は許される」。

2 　平等取扱いの原則は、採用時から退職時までの過程を規律する地公法の原則であるが、職務内容における男女の性別差別は、「合理的な範囲であれば差し支えない」。危険な仕事や夜勤を男性に限るなどの場合がある。

3 　平等取扱いの原則は、任用の根本基準とされており、地公法の精神に基づいて判断されるが、日本国籍を有しない者には、「適用されない」。地公法には国籍による差別の禁止という明文がないのに対して、労働基準法には国籍による差別禁止の規定があり、それが適用されるのは採用後に限られる。

4 　職員団体に加入し又はその活動を行ったときにその活動が適法な場合は、任用に際して不利益な取扱いを受けることは「ない」。

5 　正解。

○平等取扱いの原則は、単なる宣言規定ではなく、実体的な規定である。

○平等取扱いの原則は、すべての職員に共通する規範である。全体として、職員すべてに共通する基本的な権利であり、義務であり、身分取扱いである。

○平等取扱いの原則は、所属する地方公共団体のいかんを問わない。

○平等取扱いの原則は、**合理的な理由なくして差別することを禁止するものである。**
　例えば、個々の職員についての具体的な給与を、職務の困難性や責任の度合い、人事評価等によって決定することは、何ら平等取扱いの原則に反するものではない。

○平等取扱いの原則に違反した者には、**罰則**が定められている。

〔参照条文：法 13・憲 14・労基法 3〕

【No.033】 情勢適応の原則に関する記述として、妥当なのはどれか。

1 情勢適応の原則は、職員の給与、勤務時間その他の勤務条件を社会一般の情勢に対応し適時適切に適応させる措置を地方公共団体の長に求めている。

2 情勢適応の原則は、職員の労働基本権の制限の代償措置の一つと位置づけられており、職員に対し勤務条件に関する措置要求の権利を保障している。

3 情勢適応の原則は、職員の勤務条件を社会一般の情勢に適応させる原則で、人事委員会は、講ずべき措置について議会及び長に勧告する義務がある。

4 情勢適応の原則は、職員の勤務条件について国家公務員との間において不均衡をもたらさぬように保障する原則であり、均衡の原則にも通じる。

5 情勢適応の原則は、職員の勤務条件を社会一般の情勢に適応させる措置で、この措置が講ぜられないときには、関係機関に対して罰則の適用がある。

ポイント整理
■情勢適応の原則
○地公法第14条では、「**地方公共団体は**、給与、勤務時間その他の勤務条件が社会一般の情勢に適応するように、随時、適当な措置を講じなければならない」と規定している。

○地方公務員の場合は、**労働基本権が制約**されており、また勤務条件は条例で定めることとされている。このため、その「**代償措置**」として、職員の給与が社会、経済情勢に適応するように、随時、適切な措置を構ずるべき義務を地方公共団体に課したものである。

○**人事委員会は**、随時、職員の勤務条件が社会一般の情勢に適応するよう、講ずべき措置について、地方公共団体の**議会及び長に勧告**することができる。

1　情勢適応の原則は、職員の給与、勤務時間その他の勤務条件を社会一般の情勢に対応して適時適切に適応させる措置を「地方公共団体」に求めている。

2　正解。

3　情勢適応の原則は、職員の勤務条件を社会一般の情勢に適応させる原則であり、この原則に基づき人事委員会は、講ずべき措置について議会及び長に「勧告できる」のであって、勧告は「義務ではない」。

4　情勢適応の原則は、職員の勤務条件について「国家公務員のみならず社会一般の情勢から一般労働者」との間においても不均衡をもたらさぬように保障する原則であり、均衡の原則にも通じる。

5　情勢適応の原則は、職員の勤務条件を社会一般の情勢に適応させる措置であり、この措置は努力義務であり、この原則に違反しても「罰則の適用はない」。

○人事委員会が、職員の勤務条件について調査を行い、議会や長に報告することなどを定めているのは、情勢適応の原則の現れである。

○職員の給与は、生計費並びに国及び他の地方公共団体の職員並びに民間事業の従事者の給与その他の事情を考慮して定められる。

○職員の勤務時間その他の給与「**以外**」の**勤務条件**は、国及び他の地方公共団体の職員との間を考慮して定められる。民間事業の従事者との考慮はない。

○情勢適応の原則は、行政職員のみならす企業職員や単純労務職員にも適用される。

○情勢適応の原則に違反しても、**罰則の適用はない**。

〔参照条文：法 8・14・24・26、地公企法 39〕

【No.034】　**人事委員会の勧告**に関する記述として、妥当なのはどれか。

1　人事委員会の勧告は、単なる意見の表明ではなく、情勢適応の原則を踏まえて講ずべき措置につき議会及び長に勧告しなければならない義務である。

2　人事委員会の勧告は、情勢適応の原則を実行させるものであり、この原則を踏まえ人事行政の運営に関する事項につき議会及び長に対し勧告できる。

3　人事委員会が職員の勤務条件に関する勧告を行うか否か、また勧告を行う場合の内容をどのようにするかについては、人事委員会の裁量とされている。

4　人事委員会の勧告は、給与、勤務時間その他の勤務条件に対する勧告であり、一般行政職員のみならず企業職員及び単純労務職員に対する勧告である。

5　人事委員会の勧告は、給料表の勧告と給与・勤務時間その他の勤務条件の勧告とがあり、前者は随時行われるが後者は毎年少なくとも1回行われる。

ポイント整理
■人事委員会の勧告
○地公法は、**地方公共団体**は、給与、勤務時間その他の勤務条件が社会一般の情勢に適応するように、随時、適当な**措置を講じなければならない**とし、議会や長が自主的自発的に行動することを期待している。

○人事委員会は、この講ずべき措置について、**議会及び長に勧告**することができる。

○人事委員会の勧告権は、①人事行政の運営に関する任命権者に対する勧告に加え、②職員の勤務条件に関する制度について、それを決定する権限を有する議会及び長に認めている。

【No.034 解説】

1　人事委員会の勧告権は、単なる意見の表明ではないが、情勢適応の原則を踏まえて、講ずべき措置につき、議会及び長に「勧告することができる」規定である。義務では「ない」。

2　人事委員会の勧告は、情勢適応の原則を実行させるものであるが、人事行政の運営に関する事項の勧告は、人事委員会から「任命権者」に対してできる。

3　正解。

4　人事委員会の勧告は、一般行政職員などの給与、勤務時間その他の勤務条件に対する勧告であり、「企業職員及び単純労務職員に対する勧告は除外されている」。

5　人事委員会の勧告は、給料表の勧告と給与・勤務時間その他の勤務条件の勧告とがあり、「前者は必要があれば報告と一緒に、後者は随時行われる」。

○人事委員会が、職員の**勤務条件**に関する勧告を行うか否か、また勧告を行う場合の内容をどのようにするかは、**人事委員会の裁量**とされている。

○人事委員会の勧告は、企業職員及び単純労務職員には適用されない。

○人事委員会の勧告は、「**給料表の勧告**」と「**給与・勤務時間その他の勤務条件の勧告**」とがあり、「前者は毎年少なくとも1回行われる給料表が適当であるか否かについての報告と一緒になされなければならないのに対し、後者は随時、独立して勧告が行われる。

※問題№013の「人事委員会の行政的権限」を参照のこと。

〔参照条文：法26〕

【No.035】 **職員の給与**に関する記述として、妥当なのはどれか。

1 給与とは、職員に対しその勤務に対する対価として支給される一切の金銭又は有価物をいい、職務の遂行上必要な被服についても給与に含まれる。

2 給与とは、民間の賃金と同意義で、職員の勤務に対する対価として支給されるものをいい、給料、諸手当及び共済制度の給付の3種類に区分される。

3 給与は、職員の勤務の対価であるから、職員が他の職員の職を兼ねる場合、地公法は、この兼務に対しても給与を支給しなければならないと定めている。

4 給料は、給与の中で質量ともに中心をなすが、給料は職員の正規の勤務時間に対する対価であり、給与の中に諸手当と現物給与を加えたものをいう。

5 給与に含まれる諸手当は、基本給たる給料に加給されるものであり、地方自治法に規定されている手当以外の手当を条例化することは認められない。

ポイント整理
■職員の給与

①給与………[給料]＋[諸手当]＋[現物給与]

○給与とは、職員の勤務の対価として支給される金銭その他の有価物をいい、給料、諸手当及び現物給与で構成される。

○旅費、公務災害補償等は、実費弁償あるいは給与以外の給付とされ、給与に該当しない。

②給料

○給料とは、職員の**正規の勤務時間に対する対価**であり、給与の中から諸手当と現物給与を除いたものをいい、原則的には給料月額をいう。

③諸手当

○諸手当とは、**自治法**第204条第2項に規定された各手当をいう。自治法に規定されている手当以外の手当を条例化することは認められない。

【No.035 解説】

1　給与とは、職員に対しその勤務に対する対価として支給される一切の金銭又は有価物をいう。有価物の支給の場合でも、「職務の遂行上必要な被服」は給与に「含まれない」。

2　給与とは、民間の賃金と同意義であり、職員の勤務に対する対価として支給されるものをいい、給料、諸手当及び「現物給与」の3種類に区分される。「共済制度に基づく給付は勤務に対する対価ではないので、給与に含まれない」。

3　給与は、職員の勤務の対価であるが、職員が他の職員の職を兼ねる場合、地公法では、この兼務に対して給与を「受けてはならない」と定めている。

4　給料は、給与の中で質量ともにその中心をなすが、給料は、職員の正規の勤務時間に対する対価であり、給与の中「から」諸手当と現物給与を「除いた」ものをいう。

5　正解。

④現物給与
○現物給与とは、被服、食事、公舎などの現物支給であって、勤務に基づいて支給されるものをいう。ただし被服等が貸与される場合には、給与に該当しない。
○現物給与の支給も認められるが、この場合でも**「条例に定めがある場合」**に限られる。

⑤公務員給与の特徴
○公務員の給与は、労働基準法にいう**「賃金」と同じ**ものである。
○民間の賃金は、労使交渉によって決定されるが、公務員の給与は、地公法などに定める手続によって、給与の決定及び運用がなされる。

〔参照条文：法24、自治204、条例〕

【No.036】 給与に関する諸原則に関する記述として、妥当なのはどれか。

1　給与均衡の原則とは、給与は、生計費、国及び他の地方公共団体の職員のほか民間従業員の給与等を考慮し定めなければならないとする原則である。

2　給与条例主義の原則とは、いかなる給与も条例に基づかずに支給することはできないとする原則をいい、各種の手当及び現物給与は条例対象ではない。

3　職務給の原則とは、給与は職務と年齢に対応し、困難性、複雑性、職務の質などとの均衡のとれた給与が支給されるべきであるとする原則である。

4　重複給与支給禁止の原則とは、重複して給与の支給を受けられないとする原則で、職員は特別職と兼職できないし又その給与を受けることもできない。

5　ノーワーク・ノーペイの原則とは、給与は、勤務の裏づけのない支給は認められないとする原則であるが、給与の減額制度は、この原則に反する。

ポイント整理
■給与に関する諸原則
①条例主義の原則
○自治法第204条は、職員の給与は「条例」で定めることとし、常勤の地方公務員に支給できる給与の「**種類を限定的**」に規定している。

○職員の給与は、「**法律**」又は「**条例**」に基づかない限り、支給することができない。

②職務給の原則
○職員の給与は、その「**職務**」と「**責任**」に応ずるものでなければならない。

○職員の給与は、職務の複雑性や困難性あるいは責任の度合いに対応して決定される。

③均衡の原則
○職員の給与は、生計費並びに国又は他の地方公共団体の職員並びに「**民間事業の従事者の給与**」その他の事情を考慮して定めなければならない。

④給与支払いの原則
○給与の支払いは、「**法律又は条例**」で特に認められた場合を除き、「**通貨**」で、「**直接職員**」に、「**全額**」を支払わなければならない。これを「**給与支払いの3原則**」という。

【No.036 解説】

1　正解。

2　給与条例主義の原則とは、いかなる給与も条例に基づかずに支給すること
　ができないとする原則である。各種の手当及び現物給与も「条例対象である」。

3　職務給の原則とは、給与は、職員の「職務と責任」に応ずるものでなけれ
　ばならず、困難性、複雑性、職務の質と責任の度合いに対応して、均衡のと
　れた給与が支給されるとする原則である。

4　重複給与支給禁止の原則とは、重複して給与の支給を受けられないとする
　原則である。職員は「特別職と兼職することができる」が、職員の給与と重
　複して受けることはできない。

5　ノーワーク・ノーペイの原則とは、給与は、勤務の裏づけのない支給は認
　められないとする原則であるが、給与の減額制度も、この原則に「基づく」。

○三原則に、「毎月1回以上」、「一定の期日を定めて支払う」を加えて、
　給与支払いの5原則という。

⑤ノーワーク・ノーペイの原則

○ノーワーク・ノーペイの原則は勤務なきところに給与なしの原則である。

○職員の給与は、その勤務に対する報酬として支給されるものであるから、
　前提となる勤務が行われないときには、給与は支給されない。

⑥重複給与支給の禁止

○職員は、他の職員の職を兼ねる場合でも、重複して給与を受けることが
　できない。

■労働基準法の適用

○労働基準法は、国家公務員には適用されないが、地方公務員については、
　特に明文をもって適用除外されているものを**除き**、「すべて適用される」。

○労働基準法の賃金に関する規定は、毎月払、一定期日払いの原則のほか、
　非常時払、時間外、休日及び深夜の割増賃金、賃金請求権の時効などが、
　職員の給与に適用される。

〔参照条文：法24・25・58、労基法24・25、自治204・204の2〕

【No.037】 給与支払いの３原則に関する記述として、妥当なのはどれか。

1 給与支払いの３原則は、給与の支給の不正を防止するための原則であり、地公法第25条により、すべての一般職の職員に適用される原則である。

2 給与支払いの３原則は、通貨で、直接職員に、その全額を支払わなければならないとする原則で、法律に特に認める場合に限り例外が認められる。

3 給与支払いの３原則の一つである通貨払いの原則によって、小切手による給与の支払は禁止されているが、現物給与は原則として禁止されていない。

4 給与支払いの３原則は、職員の給与の支払いの大原則で一定の場合には特例が認められているものの、この３原則以外の規制規定は存在しない。

5 給与支払いの３原則は特例を持ち、通貨払いの特例で現物給与が、直接払いの特例で口座振替が、全額払いの特例で共済組合掛金控除が認められる。

ポイント整理
■給与支払いの３原則

○給与は、「法律又は条例」により特に認められた場合を除き、「**通貨**」で、「**直接職員**」に、「**全額**」を支払わなければならない。これを「給与支払いの３原則」という。

● 「**通貨**」……通貨とは貨幣をいい、小切手は通貨ではない。

○現物給与の場合は原則として禁止されているが、条例があれば認められる。

● 「**直接**」……給与の口座振替は、条例の有無にかかわらず、本人の同意が必要である。

【No.037 解説】

1　給与支払いの３原則は、給与の支給の不正を防止するための原則であり、地公法第 25 条第 2 項に規定されているが、この原則は一般職のうち「企業職員及び単純労務職員」は除かれる。企業職員及び単純労務職員については民間の労働者とともに労働基準法の第 24 条が適用される。

2　給与支払いの３原則とは、通貨で、直接職員に、その全額を支払わなければならないとする原則であるが、法律又は「条例」により特に認められた場合に、例外が認められる。

3　通貨払いの原則によって、小切手による給与の支払は禁止されているが、現物給与の場合も「原則」として「禁止」されている。ただし条例があれば現物給与が例外的に認められる。

4　給与支払いの３原則は、職員の給与の支払いの原則であるが、この３原則以外にも「労働基準法」による規制規定がある。

5　正解。

● 「**全額**」……法令等に根拠がある場合には、控除することができる。

○給与支払いの３原則は、地公法第 25 条第 2 項に規定されているが、一般職のうち「企業職員及び単純労務職員」は除かれる。企業職員及び単純労務職員については労働基準法の第 24 条が適用される。

○給与支払いの３原則は、職員の給与の支払いの原則であるが、この３原則以外にも「労働基準法」による規制規定がある。

〔参照条文：法 25、労基法 4〕

38 労働基準法の適用

【No.038】 **労働基準法の適用**に関する記述として、妥当なのはどれか。

1　労働基準法は、さまざまな労働条件に関して規定を設けているが、これは標準的な労働条件を定めたものであり、同法に基づき勤務条件が定められる。

2　労働基準法は、当然に国家公務員にも適用され、地方公務員については特に明文をもって適用除外されているもののほかは、すべて適用される。

3　労働基準法には、賃金支払上の5原則があり、通貨で、直接職員に、その全額払い、毎月1回以上、一定の期日を定めて支払う規定が適用される。

4　労働基準法の賃金に関する規定は、毎月払い、一定期日払いの原則のほか、時間外、休日及び深夜の割増賃金などの規定が職員に適用される。

5　地方公務員には地公法が適用されるので、現業・非現業の区別を問わず、地公法と労働基準法の不均衡がある場合以外は、労働基準法が適用されない。

【No.038 解説】

1　労働基準法は、さまざまな労働条件に関して規定を設けているが、これは標準的な労働条件を定めたものでは「なく」、「最低基準」の労働条件を定めたものである。なお同法に基づき職員の勤務条件が定められる。

2　労働基準法は、国家公務員については「適用されない」が、地方公務員については特に明文をもって適用除外されているもの以外はすべて適用される。

3　賃金支払上の5原則のうち、「通貨で、直接職員に、その全額」を支払う規定は、「地公法の規定」であり、毎月1回以上及び一定の期日を定めて支払うは、労働基準法の規定である。

4　正解。

5　地方公務員の場合は、「非現業職員」の場合は「一部の規定を除き」労働基準法が適用され、「現業職員（企業職員・単純労務職員）」には労働基準法が「全面的に適用される」。

ポイント整理
■労働基準法の適用

○地方公務員については、地公法に特に明文をもって適用除外されているものを**除き**、「労働基準法」の規定が適用される。

○労働基準法は、標準的な労働条件を定めたものではなく、「**最低基準」の労働条件**を定めたものである。

○労働基準法は、国家公務員には「適用されない」。

○賃金支払上の5原則のうち、通貨で、直接職員に、全額を支払う規定は地公法の規定であり、毎月1回以上及び一定の期日を定めて支払うは、労働基準法の規定である。

○非現業職員（行政職員等）の場合は「一部の規定を除き」労働基準法が適用され、現業職員（企業職員・単純労務職員）には労働基準法が「全面的に適用」される。

〔参照条文：法58、労基法24・25・37・115〕

【No. 039】 **給料表の勧告及び報告**に関する記述として、妥当なのはどれか。

1 　人事委員会及び公平委員会は、給料表が適当であるか否かについて、毎年、調査し、当該地方公共団体の議会及び長に報告する義務を有している。

2 　人事委員会が、毎年、給料表の適否を議会及び長に報告するのは義務であるが、勧告は給料額を増減する必要がある場合に限って行われる。

3 　人事委員会は、給料表が適当であるか否かについて調査し、議会及び長に報告する義務があり、同時に適当な勧告を行わなければならない義務がある。

4 　人事委員会の給料表の適否の報告は、毎年1回と決められており、勧告は必ず報告に併せて行われ、報告を伴わない勧告も予想されている。

5 　人事委員会から、給料表が適当であるか否かについて、勧告があるときは、長は当該勧告に拘束されるので、その勧告に従って手続を執らねばならない。

1　給料表が適当であるか否かについて、毎年少なくとも1回、当該地方公共団体の議会及び長に報告する義務を有しているのは、人事委員会であって、「公平委員会にはこの義務がない」。

2　正解。

3　人事委員会は、給料表が適当であるか否かについて調査し、議会及び長に報告する義務があるが、勧告はその必要があるときに行われるものであって、「義務ではない」。

4　人事委員会の給料表の適否の報告は、毎年「少なくとも1回」と決められており「1回ではない」。2回もあり得る。また勧告は給料額の増減の必要があるときに行われるが、勧告は必ず報告に併せて行われ、報告を伴わない勧告というものは「予想されていない」。

5　当該勧告は、「長を拘束するものではない」。

ポイント整理
■給料表の報告及び勧告（法第26条）

○人事委員会は、毎年少なくとも1回、給料表が適当であるかどうかについて、地方公共団体の議会及び長に同時に報告するとされている。

○毎年**少なくとも1回**とは、最低限の義務であり、少なくとも年に1回の意味で、2回もあり得る。

○報告は、議会及び長に「**同時に**」行われる。

○人事委員会は、給与を決定する諸条件の変化により、給料表に定める給料額を増減することが適当であると認めるときは、併せて適当な勧告をすることができる。

○勧告は、諸情勢の変化によって**給料額を増減**することが適当であると認めるときに、**報告と併せて**行われる。

〔参照条文：法26〕

【No.040】　諸手当に関する記述として、妥当なのはどれか。

1　扶養手当は、扶養親族のある職員のすべてに対して支給される手当であり、ここにいう扶養親族とは、所得税法上の扶養親族の認定要件と異ならない。

2　通勤手当は、職員が通勤に要する費用を補う実費弁償的な性格の手当であるが、自転車を使用して通勤する職員に対しては一律の額が支給される。

3　地域手当は、民間における賃金、物価等が特に高い地域に在勤する職員に支給される手当であり、支給割合は、地域にかかわらず一定である。

4　住居手当は、職員の居住に要する費用の一部を補填するために支給される手当であり、民間の社宅に入居している職員に対しても支給される。

5　特殊勤務手当は、著しく危険、不快、不健康などの特殊勤務の手当であり、給与上特別の配慮が必要で、かつ給料での考慮が適当でない場合に限られる。

ポイント整理
■諸手当
①**管理職手当**…管理又は監督の地位にある職員に支給される手当である。

②**初任給調整手当**…専門的な知識を有する職員に、民間の賃金との格差等を考慮した手当である。医師、歯科医師などが対象となる。

③**扶養手当**…扶養親族を有する職員に支給される手当である。

○この扶養親族とは、民法上の親族や所得税法上の扶養親族とは異なる。

④**地域手当**…地域間格差を反映させる手当である。No.041を参照

⑤**住居手当**…住居費の一部を補うために「世帯主等」に支給される**生活給的手当**である。

○ただし、公舎、官舎、民間の社宅等に入居している職員には支給されない。

⑥**通勤手当**…交通機関の利用職員及び自転車等の使用職員に対し支給される手当である。

⑦**単身赴任手当**…異動等に伴い転居し、配偶者と別居し、単身生活者に支給される生活給的な手当である。

⑧**特殊勤務手当**…職員の従事業務に**危険、不快、不健康、その他困難等**があり、これが著しくかつ**恒常的である場合で**、給料で考慮することが適当でない場合に支給される手当である。

1 　扶養手当は、扶養親族のある職員のすべてに対して支給される手当であり、ここにいう扶養親族とは、民法上の親族や所得税法上の扶養親族の認定要件と「異なる」。

2 　通勤手当は、実費弁償的な性格を有する手当であるが、自転車を使用して通勤する職員に対しては、「使用距離の区分に応じて支給される」。

3 　地域手当は、民間における賃金等が特に高い地域に在勤する職員に支給され、支給割合は、「地域ごと」に定められている。

4 　住居手当は、職員の居住に要する費用の一部を補填するために支給される手当であり、「民間の社宅に入居している職員に対しては支給されない」。

5 　正解。

⑨**特地勤務手当**…離島その他生活の著しく不便な地に所在する公署として指定するものに勤務する職員に支給される手当である。

⑩**超過勤務手当**…No.042 を参照。

⑪**休日給**…No.043 を参照。

⑫**夜勤手当**…**午後 10 時から翌日午前 5 時**に正規の勤務時間が割当てられた者に支給される手当である。

⑬**宿日直手当**…宿直勤務又は日直勤務を命ぜられた職員に対して支給される手当である。

⑭**管理職員特別勤務手当**…管理又は監督の地位にある職員が、公務上の必要により勤務時間条例に定める「週休日」又は「休日」に勤務した場合に支給される手当である。

⑮**期末手当及び勤勉手当**…期末手当は民間における賞与等のうち一律支給分に相当する給与として各職員の在職期間に応じて支給される手当であり、勤勉手当は職員の勤務成績に応じて**能率給としての性格**を有する手当である。

⑯**寒冷地手当**…寒冷の地域で**特に定める地域**に在勤する者に、冬季における生計費が割高となること等を配慮して支給される手当である。

〔参照条文：条例〕

【No.041】 **地域手当**に関する記述として、妥当なのはどれか。

1 地域手当は、民間の賃金などを考慮した手当であり、給料、給料の特別調整額（管理職手当）及び扶養手当の合計額に支給割合を乗じて得た額である。
2 地域手当は、民間における賃金の地域間格差が適切に反映されるような地域給制度であり、基本的には物価等に関する事情を考慮する手当ではない。
3 地域手当は、勤務時間1時間当たりの給与額の基礎となる場合と、期末・勤勉手当の職務段階別加算の基礎となる場合では計算式が異なる。
4 地域手当は、職員の異動によって支給割合が減少する場合には、異動の日から原則1年間、原則として異動前の支給割合と同じ割合となる。
5 地域手当は、主に民間賃金の高い地域に勤務する職員に対して支給する手当であることから、地域手当の支給割合は地域にかかわらず一定である。

ポイント整理
■地域手当
○地域手当は、民間における賃金、物価等に関する事情を考慮して支給される手当である。
○地域手当の支給額は、給料、給料の特別調整額（管理職手当）及び扶養手当の合計額に支給割合を乗じて得た額である。
①勤務時間1時間当たりの給与額の基礎及び期末・勤勉手当の職務段階別加算の基礎となる地域手当は、「給与月額のみ」に支給割合を乗じて得た額である。

【No.041 解説】

1　正解。

2　地域手当は、民間における賃金の地域間格差が適切に反映されるような地域給制度であり、かつ「物価等も踏まえつつ」、主に民間賃金の高い地域に勤務する職員に支給される手当である。

3　地域手当は、勤務時間１時間当たりの給与額の基礎となる場合のみならず、期末・勤勉手当の職務段階別加算の基礎となる場合も、「計算式は同じで」、給与月額のみに支給割合を乗じて得た額となる。

4　地域手当は、異動によって支給割合が減少する場合、異動の日から「原則３年間」、原則として異動前の支給割合と同じ割合となる。

5　地域手当は、主に民間賃金の高い地域に勤務する職員に対して支給する手当であり、支給割合は、都の場合は特別区内及び都内市町村（島しょを除く）は 20%、都外市町は 12% であり、区の場合は特別区内が 20%である。

②期末手当の給与月額の基礎となる地域手当は、「給料月額と扶養手当」の月額の合計額に支給割合を乗じて得た額である。

○地域手当は、異動によって支給割合が減少する場合、異動の日から原則３年間、原則として異動前の支給割合と同じ割合となる。

○地域手当の支給割合は、次のとおりである。

●都の場合、①特別区内、都内市町村（島しょを除く）は 20%

②都外市町は　……………………………………… 12%

●区の場合、特別区内は……………………………………… 20%

〔参照条文：条例〕

【No.042】 **超過勤務手当**に関する記述として、妥当なのはどれか。

1 超過勤務手当は、正規の勤務時間を超えて勤務する場合に支給される手当であり、行政職の職員のみならず教育職員に対しても支給される手当である。

2 超過勤務手当は、1時間を単位として計算され、正規の勤務時間が割り振られた日の支給割合と、週休日及び休日における支給割合とは同じ率である。

3 超過勤務手当は、同一週を超え週休日を振り替えた結果、割り振られた正規の勤務時間を超えかつ週当たり38時間45分を超えた時間に支給される。

4 超過勤務手当は、超過勤務を命じられた職員にその勤務時間に応じて支給され、休日の正規にあたる時間に勤務した場合にはこの時間にも支給される。

5 超過勤務手当は、勤務時間当たりの給与額に支給割合を乗じて算出され、支給率は通常の日の超過勤務と週休日・休日の超過勤務ともに同じ率である。

ポイント整理
■超過勤務手当

○労働基準法は、使用者が法定労働時間を超えて、又は休日（週休日）に労働することを労働者に命令することができる場合として、次の3つの場合を定めている。

①災害その他避けることのできない事由によって、臨時の必要がある場合。

②官公署の事業に従事する公務員について、公務のために臨時の必要がある場合。

③労働者の過半数を組織する労働組合又は労働者の過半数を代表する者と書面協定をし、監督機関に届け出た場合。

○任命権者は、公務のため臨時又は緊急の必要がある場合には、職員に対し、所定の手続を経て、正規の勤務時間以外の時間に勤務（超過勤務）を命ずることができる。

○任命権者は、原則として、職員に対して事前に超過勤務を命じ、事後に勤務の状況を確認しなければならない。

【No.042 解説】

1　超過勤務手当は、正規の勤務時間を超えて勤務する場合に支給される手当であり、行政職の職員に支給されるが、教育職員には「教職調整額が支給」されるので、超過勤務手当は「支給されない」。

2　超過勤務手当は、1時間を単位として計算され、正規の勤務時間が割り振られた日の支給割合と、週休日及び休日における支給割合とは「異なる」率である。

3　正解。

4　超過勤務手当は、超過勤務を命じられた職員にその勤務時間に応じて支給されるが、休日の正規にあたる時間に勤務した場合には、この時間は「休日給（給料）の支給の対象」となり、超過勤務手当は「支給されない」。

5　超過勤務手当は、勤務時間当たりの給与額に支給割合を乗じて算出されるが、支給率は通常の日の超過勤務と週休日・休日の超過勤務とでは率が「異なる」。

○超過勤務手当は、正規の勤務時間を超えて勤務することを命ぜられた場合、及びあらかじめ定められた1週間の正規の勤務時間（38時間45分）を超えて週休日に正規の勤務時間を割り振られた場合に支給される。

超過勤務の区分		月60時間まで
○正規の勤務時間が割り振られた日の超過勤務	午後10時から午前5時まで	150/100
	上記以外	125/100
○週休日及び休日の超過勤務	午後10時から午前5時まで	160/100
	上記以外	135/100
○あらかじめ定められた1週間の正規の勤務時間（38時間45分）を超えて週休日に正規の勤務時間を割り振られた場合		25/100

○超過勤務手当は、教育職員には「教職調整額が支給」されるので、支給されない。

〔参照条文：条例〕

【No.043】 **休日給**に関する記述として、妥当なのはどれか。

1 休日給は、休日の勤務として正規の勤務時間に勤務した場合に、任命権者が代休日を指定し当該代休日に勤務しなかったときでも支給される。
2 休日給は、国民の祝日や年末年始などの休日に勤務することを命ぜられ、命令に基づき勤務した全ての時間に反対給付として支給される手当である。
3 休日給は、休日に特に勤務を命ぜられた場合だけでなく、休日に当然勤務することとなっている交代制勤務、現場勤務などの場合にも対象となる。
4 休日給は、特に勤務を要しない休日の勤務に対する対価であり、休日の正規の勤務時間の勤務のみならず、正規の勤務時間外の勤務にも、支給される。
5 休日給は、休日に勤務した職員と勤務しない職員とに給与上の不公平が生じない配慮であり、休日給の支給率は1時間当たり給与額の125％である。

ポイント整理
■休日給
○休日給は、休日の勤務として正規の勤務時間中に勤務することを命ぜられた職員に対して支給される手当である。
○休日給は、正規の勤務時間に勤務した場合にのみ支給されるから、たとえ休日の勤務として命ぜられたものであっても、それが正規の勤務時間外であればそれは超過勤務手当の対象となる。
○**休日とは**、特に勤務することを命ぜられた場合を除き、正規の勤務時間においても勤務することを要しない日をいう。職員の休日は次の3種類である。

【No.043 解説】

1　休日給は、休日の勤務として正規の勤務時間に勤務した場合に、任命権者が代休日を指定し当該代休日に勤務しなかったときは、「支給されない」。

2　休日給は、職員が国民の祝日や年末年始などの休日に勤務することを命ぜられ、「正規の勤務時間に」勤務した反対給付として支給される手当である。

3　正解。

4　休日給は、特に勤務を要しない休日の勤務に対する対価であり、休日の正規の勤務時間の勤務のみに支給されるものである。「休日の正規の勤務時間外に勤務した場合には超過勤務手当の対象」となる。

5　休日給は、休日に勤務した職員と勤務しなかった職員とに給与上の不公平が生じない配慮であり、休日給の支給率は、都区ともに勤務1時間当たりの給与額の「135％」である。

　　①国民の祝日に関する法律に規定する休日
　　②12月29日から翌年の1月3日までの日（年末年始の休日）
　　③国の行事の行われる日で、人事委員会の承認を得て定める日
○休日勤務は、その日に特に勤務を命ぜられた場合だけでなく、その日に当然勤務する交代制勤務、現場勤務などの場合も含まれる。
○休日の勤務として正規の勤務時間に勤務した場合で、任命権者が代休日を指定し当該代休日に勤務しないときは、休日給は支給されない。
○休日給の割合は、勤務1時間当たりの給与額の100分の135である。

〔参照条文：条例〕

【No.044】　**給与の支給方法**に関する記述として、妥当なのはどれか。

1　給与は、月の1日から末日までの期間につき、その全額が月1回支給され、支給日は給与条例に基づき原則として毎月15日とされている。

2　給与の支給の始期と終期は、昇給はその発令の日から新給料が支給され、また職員が離職したときや死亡したときは、その日まで支給される。

3　給与の減額は、ノーワーク・ノーペイの原則により、その勤務しない時間について給与を減額するもので、病気休暇や特別休暇も減額の対象となる。

4　勤務1時間当たりの給与額は、給料月額、給料月額に対する地域手当、初任給調整手当、特地勤務手当及び特殊勤務手当等の合計額で算出される。

5　給与は勤務の対価であるから、勤務しない職員には支給されないが、例外として病気休職者には支給されるものの、刑事休職者には支給されない。

ポイント整理
■給与の支給方法
①給料の支給日
○給料の支給日は、「給与条例施行規則」により**毎月15日**とされている。
②支給の始期と終期
○新たに職員となった者には、その採用の日から支給する。
○昇給・昇格等給料額に異動が生じた者には、その**発令の日**から新給料を支給する。ただし離職した職員が即日他の職に任命されたときはその日の翌日から支給する。
○職員が**離職したときは、その日まで支給し、死亡したときは**「その月まで支給する」。
③給料の日割計算
○上記②以外の場合、月の初めから又は末日まで支給するとき以外は、その月の現日数から週休日（日曜日及び土曜日）を差し引いた日数を基礎として日割によって計算する。

1　給与は、月の1日から末日までの期間につき、その全額が月1回支給され、支給日は給与条例「施行規則」に基づき原則として毎月15日とされている。

2　給与の支給の始期と終期は、昇給はその発令の日から新給料が支給され、また職員が離職したときはその日まで支給され、「死亡したときはその月まで支給」される。

3　給与の減額は、ノーワーク・ノーペイの原則により、その勤務しない時間について給与を減額するものであるが、休日、年次有給休暇、病気休暇、特別休暇などは、「減額の対象から除かれる」。

4　正解。

5　給与は勤務に対する対価であるから、勤務しない職員には支給されないことが原則であるが、例外として病気休職のほか、「刑事休職、学術調査研究・生死不明の者等にも減額支給される」。

④給与の減額

○給与は、正規の勤務時間に対する報酬であるから、欠勤、遅参、早退等により勤務しない時間については**給与が減額される**。

○給与の減額は、休日や任命権者の承認があった場合を除くほか、その勤務しない「1時間につき1時間当たりの給与額」が減額される。

○給与の減額は、具体的には、以下の場合を除き行われる。

ア：休日、年次有給休暇、病気休暇、特別休暇

イ：勤務しないことにつき承認があった場合

○休職者（病気休職、刑事休職、学術調査研究、生死不明等）には、勤務しないことから原則として給料が支給されないが、実際は給与の減額免除が行われる。

⑤勤務1時間当たりの給与額

○給与減額の対象となる**1時間当たり**の給与額には、**給料月額**のほか、**地域手当、初任給調整手当、特地勤務手当、特殊勤務手当、農林漁業普及指導手当**が含まれる。

〔参照条文：条例〕

【No.045】 旅費に関する記述として、妥当なのはどれか。

1 旅行は、公務のための旅行で、旅行の性格により出張、赴任及びその他の公務旅行に区分され、このうち旅費が支給されるのは、出張に限られている。

2 旅行は、電話、郵便等の通信による連絡手段では公務の円滑な遂行ができない場合に限り、公務の職務命令として旅行命令を発することができる。

3 旅費は、交通費、宿泊料、雑費などの実費弁償の費用であり、給与と同様に労働の対価であり、税法上も給与と同じく所得税の課税対象となる。

4 旅費は、条例額によるが、実際の旅費との調整が必要な場合には旅費の増額又は減額があり、増額調整は任命権者が人事委員会と協議する必要がある。

5 旅費は、旅行命令に基づき、多額の経費を要する旅行であっても確定払により支払わなくてはならず、概算払により支払うことが認められていない。

ポイント整理
■旅費
（1）旅費の概要
○旅費は、実費を弁償するものであり、実費弁償は給与に含まれない。
○旅費は、**非課税所得**とされている。
○旅費は、旅行の性格により、次のとおり区分される。
　[**出張**]は、職員が公務のため一時その在勤庁を離れて旅行する場合。
　[**赴任**]は、自治体の要請で、国・他の自治体等を退職し、新在勤庁に旅行する場合。
　[**その他**]は、出張及び赴任を除き、職員の死亡、研修旅行、健診受診等のために旅行する場合。
（2）旅費の支給根拠
○旅費の支給は、**自治法に根拠がある。**
○旅費規定は、自治法及び地公法の規定に基づき「**旅費条例**」がある。
（3）旅費の支給
①旅行命令
○旅行命令は、①電信・電話、郵便等の通信による連絡手段では公務の円

【No.045 解説】
1　旅行は、公務のための旅行で、旅行の性格により出張、赴任及びその他の公務旅行に区分され、出張のみならず、「赴任及びその他の公務旅行にも旅費が支給される」。
2　旅行は、電話、郵便等の通信による連絡手段では公務の円滑な遂行を図ることができない場合で、「かつ、予算上旅費の支給が可能である場合」に限り、公務のための職務命令として旅行命令を発することができる。
3　旅費は、交通費、宿泊料、雑費などの実費弁償の費用であり、「給与と異なり労働の対価ではない」ので、税法上も給与と異なり所得税の「非課税となる」。
4　正解。
5　旅費の支払は、資金前渡による。また確定払が原則であるが、多額の経費を要する旅行の場合には、「概算払により支払うことも認められている」。

　　滑な遂行が困難な場合でかつ②予算上旅費の支給が可能な場合に限られる。

②旅費の計算
○旅費は、経路等が2つ以上ある場合には最も経済的な方法による。

③旅費の支給対象
○旅費は、資金前渡による。また「**確定払**」が**原則**であるが、事前に「**概算払**」の方法により支出することができる。旅費は、職員が**旅行中に死亡**した場合には、**遺族に支給**される。

④旅費の不支給
○職員が**欠格条項**に該当（成年被後見人又は被保佐人を除く）した場合、及び**懲戒処分**の事由により、旅行中に退職、免職、失職等となった場合（死亡除く）は、**旅費を支給しない**。

(4) 旅費の調整
①**減額調整**…旅行実費が超えるときに旅費の全部又は一部を減額できる。
②**増額調整**…旅費条例によりがたい特別の事情等があるときは、**任命権者**が**人事委員会**と協議して、増額することができる。
○減額調整に比して増額調整には、より厳格な手続を求めている。

〔参照条文：法24、自治204、所得税9〕

【No.046】 職員の勤務時間に関する記述として、妥当なのはどれか。

1　勤務時間とは、職員が任命権者の指揮監督の下に職務に専念することを義務づけられている時間を指し、この勤務の時間は正規の勤務時間のみを指す。

2　正規の勤務時間は、休憩時間を含め、1週間について38時間45分とされているが、育児短時間勤務の承認を受けた職員などに例外規定がある。

3　正規の勤務時間は、暦日を単位とし月曜日から金曜日までの5日間に、1日につき7時間45分が割り振られるが育児短時間勤務職員に例外がある。

4　正規の勤務時間は、1週間に38時間45分とされているため、病院等であっても、4週間を超えない期間につき1週間当たり38時間45分とはできない。

5　正規の勤務時間は、再任用短時間勤務職員の場合には、休憩時間を除き、1週間について、15時間から32時間までの範囲内で任命権者が定める。

ポイント整理
■正規の勤務時間
○一般職の地方公務員の「給与、勤務時間その他の勤務条件」は、地公法の規定により条例で定めることとされている。

○地方公務員は、**勤務時間等**について全面的に労働基準法の適用を受けるので、職員の勤務条件等を条例で定める場合には、**労働基準法に定める基準を下回ることができない。**

①正規の勤務時間
○勤務時間とは、職員が任命権者の指揮監督の下に職務に専念することを義務づけられている時間をいう。

○正規の勤務時間は、**休憩時間を除き**1週間当たり**38時間45分**である。

●例外
①育児短時間勤務の職員の正規の勤務時間は、休憩時間を除き、1週間について任命権者が定めた育児短時間勤務の内容に従う。

【No.046 解説】

1　勤務時間とは、職員が任命権者の指揮監督の下に職務に専念することを義務づけられている時間を指し、この勤務の時間は、正規の勤務時間「のみならず、超過勤務時間、宿日直勤務時間が含まれる」。

2　正規の勤務時間は、「休憩時間を除き」、1週間について38時間45分とされているが、育児短時間勤務の承認を受けた職員などに例外規定がある。

3　正解。（育児短時間勤務職員等は1週間ごとの期間につき1日につき7時間45分が割り振られる）

4　正規の勤務時間は、1週間に38時間45分とされているが、病院等では、4週間を超えない期間につき1週間当たり38時間45分と「できる」。

5　正規の勤務時間は、再任用短時間勤務職員の場合には、休憩時間を除き、1週間について、「15時間30分から31時間まで」の範囲内で任命権者が定める。

②再任用短時間勤務の正規の勤務時間は、休憩時間を除き、1週間について15時間30分から31時間までの範囲内で、任命権者が定める。

○正規の勤務時間は、暦日を単位として、月曜日から金曜日までの5日間に、1日につき7時間45分が割り振られる。

○4週間を平均した1週間の正規の勤務時間が38時間45分である場合も含まれる。

○病院等、土曜日、日曜日も住民の利用に供する施設や巡視等職務の性質により特別の勤務形態によって勤務する必要がある職員については、所定の手続を経て、正規の勤務時間の割り振りを別に定めることができる。

●企業職員の正規の勤務時間等は条例で定めることを要しないが、労働基準法が全面的に適用されるので、「就業規則」を作成する必要がある。

●単純労務職員の正規の勤務時間等は、地公企法の規定が準用されるので、条例とは別に、就業規則として各任命権者の勤務時間等に関する規程が定められている。

〔参照条文：法24・58、地公企法10・39、条例〕

【No.047】 **休憩時間**に関する記述として、妥当なのはどれか。

1 休憩時間は、労働基準法第34条に定められている制度であり、職員の勤務時間の途中において、必ず与えなければならない時間ではない。

2 休憩時間は、労働基準法では勤務時間が8時間を超える場合は45分としているが、この勤務時間は正規の勤務時間であり超過勤務時間は含まれない。

3 休憩時間は、自己の時間として自由に利用できる時間であるので、事業所の規律保持などの理由で、自由な利用を制限することはできない。

4 休憩時間は、勤務時間の途中に与えられる時間であるから、職務遂行に必要があっても、任命権者は職員の休憩時間を臨時に変更することができない。

5 休憩時間は、自己の時間として利用できる時間であり、この時間は条例で定めなければならないが、労働基準法で定める基準を下回ることはできない。

ポイント整理
■休憩時間

○休憩時間は、職員が勤務時間の途中において疲労回復のため勤務を離れることを権利として保障されている時間である。

○休憩時間は、労働基準法では1回の勤務時間が**6時間**を超える場合には**45分以上**、**8時間**を超える場合には**1時間以上**の休憩を与えなければならないとしている。

○休憩時間は、条例で定めなければならないが、その場合には、労働基準法で定める基準を下回ってはならない。

○**東京都と特別区**では、休憩時間を勤務時間が**6時間**を超える場合は**1時間**、継続して一昼夜にわたる場合は、1時間30分としている。

○休憩時間は、勤務を要する時間ではなく、給与支給の対象とならない。

○休憩時間とは、職員が勤務時間の途中において勤務から解放されて、自己の時間として利用できる時間であるが、職務の遂行に必要があるときは、休憩時間を臨時に変更することができる。

【No.047 解説】

1　休憩時間は、労働基準法第 34 条に定められている制度であり、職員の勤務時間の途中において、「必ず与えなければならない時間とされている」。

2　休憩時間は、労働基準法では、勤務時間が「6 時間」を超える場合は 45 分、「8 時間」を超える場合は「1 時間」を与えるとしている。この場合の勤務時間には、正規の勤務時間のほか「超過勤務時間も含まれる」。

3　休憩時間は、自己の時間として自由に利用できる時間であるが、ただし、事業所の規律保持などの理由で、必要な制限を加えることは、休憩の目的を「損なわない限り差し支えない」。

4　休憩時間は、職務の遂行上特に必要があり、緊急かつやむを得ない場合には、任命権者は、職員の休憩時間を臨時に「変更することができる」。

5　正解。

○職務の性質により特別の勤務を行う職員には、夜間に仮眠のための休憩時間を付与することができる。

○休憩時間には、**労働基準法上**に **3 つの原則**がある。

　a 勤務時間の途中に与えなければならない。

　b 同一事業所の全職員に一斉に与えなければならない。

　c 職員の自由に利用させなければならない。

●**休憩時間の特例**

　a 企業職員のうち、自動車や電車の運転手・車掌で長距離にわたり継続して乗務する場合には休憩時間を与えないことができる。

　b 非現業職員、すなわち企業職員のバス・電車の職員、病院や保健所等の職員、窓口事務を行う職員には、一斉休憩の原則が適用されない。

　c 警察消防職の職員などには、休憩時間の自由使用の原則が適用されない。

〔参照条文：労基法 34〕

【No.048】 **週休日**に関する記述として、妥当なのはどれか。

1 週休日とは、本来職員が勤務する義務を課せられていない日のことであり、土曜日、日曜日、祝日のほかに、年末年始の期間がこれにあたる。

2 週休日の変更で、新たに勤務を割り振られる日の正規の勤務時間は、週休日とされる日の正規の勤務時間と同一の時間数でなければならない。

3 週休日とは、労働基準法第35条の休日にあたり、特に勤務することを命ぜられる場合を除き、正規の勤務時間にも勤務することを要しない日をいう。

4 週休日に勤務を命ぜられた職員は、週休日を他の勤務日に振り替えることができる。この場合、週休日の前後4週間の範囲内で振り替えができる。

5 週休日は、労働基準法の休日にあたらず、毎週1回与えるのが原則であり、条例では、週休日を毎2週間につき4日を与える例外も認めている。

ポイント整理

■週休日

○週休日は、正規の勤務時間を割り振られていない日をいう。労働基準法第35条の「休日にあたる」もので毎週少なくとも「1回与える」ことが原則である。

○**労働基準法では**、週休日は4週間を通じて4日与えることもできるとしている。

○勤務時間**条例では**、週休日は**日曜日及び土曜日**としている。

○勤務時間条例では、日曜日又は土曜日にも勤務する必要がある職員には、これ以外の日を週休日とし、4週に8日の週休日も認めている。

○週休日に特に勤務を命ずる必要がある場合には、週休日の変更を行うことができる。この週休日の変更は、必ず事前に、所定の様式で行わなければならない。

【No.048 解説】

1　週休日とは、本来職員が勤務する義務を課せられていない日のことであり、土曜日、日曜日がこれにあたるが、「祝日や年末年始」は「休日」である。

2　正解。

3　週休日とは、労働基準法第35条の休日にあたり、「本来職員が勤務する義務を課せられていない日」をいう。勤務時間条例では、日曜日及び土曜日を週休日と定めている。「特に勤務することを命ぜられる場合を除き、正規の勤務時間においても勤務することを要しない日は休日」である。

4　週休日に勤務を命ぜられた職員は、週休日を他の勤務日に振り替えることができる。この場合、都は週休日の「前後2か月」、区は週休日の「前後8週間」の範囲内で振り替えができる規定となっている。

5　週休日は、労働基準法第35条の「休日にあたり」、毎週少なくとも1回与えるのが原則であるが、条例では、週休日を「毎4週間につき8日」を与える例外も認めている。

●週休日の変更

①新たに勤務を割り振られる日の正規の勤務時間は、週休日とされる日の正規の勤務時間と同一の時間数でなければならない。

②週休日の変更は、原則として同一週内に行う。ただしやむを得ない場合はこの限りでない。

○東京都は、各局の人事担当課長に協議のうえ、前後2か月の範囲で変更できる。

○特別区は、週休日の前後8週間の範囲内で振り替えができる。

○再任用短時間勤務職員等については、土日に加えて、月曜日から金曜日までの5日間において、週休日を設けることができる。この場合は、4週に8日の週休日を設けることを原則とする。

○定められた期間内にある勤務日の勤務時間のうち半日勤務時間を、勤務を命ずる必要がある日に割り振ることができる自治体もある。

〔参照条文：労基法35、条例〕

【No.049】 **休日**に関する記述として、妥当なのはどれか。

1　休日とは、正規の勤務時間が割り振られていても、特に命令のない限り勤務しなくてもよい日であり、特に勤務した場合には休日給の対象となる。

2　休日は、正規の勤務時間においても勤務することを要しない日であり、国民の祝日に関する法律に規定された休日と年末年始の休日の2種類がある。

3　休日は、勤務することを要しない日をいうが、休日に勤務した場合には、その勤務に替えて他の日の勤務を免除されたときでも休日給が支給される。

4　休日の正規の勤務時間を超過して勤務することを命ぜられ、現に勤務した場合においては、その勤務した全時間に対して休日給が支給される。

5　休日は、週休日と異なる制度であり、休日が週休日にあたる日に勤務した場合は、その日は週休日とせずに、休日として取り扱うとされている。

【No.049 解説】

1　正解。

2　休日は、正規の勤務時間においても勤務することを要しない日であり、国民の祝日に関する法律に規定された休日と年末年始の休日のほか、「国の行事が行われる日で人事委員会の承認を得て規則で定める日」の「3種類」がある。

3　休日は、勤務することを要しない日をいう。休日に勤務した場合、その勤務に替えて他の日の勤務を免除されたときには、「休日給は支給されない」。

4　休日の正規の勤務時間に勤務することを命ぜられ、現に勤務した場合にはその勤務した正規の勤務時間に対し休日給が支給される。しかし「超過した時間については超過勤務手当」となる。

5　休日は、週休日と異なる制度であり、休日が週休日にあたる日に勤務した場合は、その日は「休日とせずに、週休日」として取り扱うとされている。

ポイント整理

■休日

○休日とは、正規の勤務時間が割り振られているが、特に勤務を命ぜられる場合を除き、勤務しない日をいう。

○休日とは、「**国民の祝日**」、「**年末年始の間**」、「**国の行事の行われる日**」の3種類がある。

○休日が週休日にあたる場合には、その日は休日とせず、週休日となる。

○休日に勤務を命ずる場合は、当該休日に代わる日すなわち**代休日を指定することができる**。

○休日に勤務をした場合には、**正規の勤務時間内であれば「休日給」が支**給され、**正規の勤務時間外ならば「超過勤務手当」**が支給される。

○休日に勤務した場合において、代休日を指定され、その代休日に勤務しなかったときには、休日給は支給されない。

〔参照条文：条例〕

【No.050】 **休暇**に関する記述として、妥当なのはどれか。

1 休暇とは、一定の事由がある場合において、勤務することを一時的に免除される制度をいい、すべての種類の休暇の全期間が全額有給である。

2 休暇には、基本的には年次有給休暇、病気休暇、特別休暇及び介護休暇の4つの種類がある。このうち病気休暇と介護休暇については無給である。

3 休暇を法令上で分類すると、労働基準法上の休暇と条例上の休暇とがあり、前者には公民権行使等休暇、年次有給休暇、後者は妊娠出産休暇などがある。

4 労働基準法では、休暇のうち年次有給休暇のみを有給の休暇としており、病気休暇、特別休暇は条例により原則給与の減額を行わないとしている。

5 病気休暇を申請する場合には、休暇の事由を証する書類を示すことが必要であるが、特別休暇の場合には事由を証する書類を示す必要がない。

ポイント整理
■休暇
○休暇とは、一定の事由がある場合、職員が「任命権者」の承認を得て、勤務することを一時的に「免除」される勤務条件上の制度をいう。

○**休暇の種類**は、大きく分けて、「**年次有給休暇**」「**病気休暇**」「**特別休暇**」「**介護休暇**」の4つがある。一部の特別区には組合休暇が残っている。東京都は超勤代休時間も休暇としている。

○休暇には、「**法令等によるもの**」と「**条例によるもの**」とがあり、前者には、公民権行使等休暇、年次有給休暇、妊娠出産休暇、生理休暇などがある。

○病気休暇、特別休暇を申請するときは、休暇の事由を証する書類を示すことが原則である。

【No.050 解説】

1　休暇とは、一定の事由がある場合、勤務することを一時的に免除される制度であり、原則として休暇の全期間が有給であるが、「介護休暇のように無給（減額）」のものもある。

2　休暇には、年次有給休暇、病気休暇、特別休暇、介護休暇の4つがある。「介護休暇は介護休暇が承認された期間は無給（減額支給）」である。「病気休暇は職員の給与に関する条例施行規則で定める日数を限度」に無給となる。なお特別休暇による生理休暇も条例施行規則で定める日数を限度に無給となる。

3　休暇を法令上で分類すると、労働基準法に直接根拠を有する休暇と条例により独自に設けた休暇とがあり、前者には公民権行使等休暇、年次有給休暇、「妊娠出産休暇」などがある。

4　正解。

5　病気休暇及び特別休暇を申請する場合には、休暇の事由を証する書類を示すことが「必要である」。

○病気休暇、介護休暇、生理休暇、慶弔休暇などの期間には、週休日や休日も含まれる。

○休暇の期間に給与の支給を受けるか否かによって、有給休暇と無給休暇とに分かれる。

○**労働基準法では、年次有給休暇のみを**「**有給休暇**」と定めている。

○自治体では、給与条例で、「**年次有給休暇**」「**病気休暇**」「**特別休暇**（生理休暇は日数を限度とする）」については、**給与の減額を行わない**ことを定めている。

○**介護休暇**は、無給休暇であり、介護休暇が承認された期間は給与が支給されないので、その結果「減額支給」となる。

〔参照条文：条例〕

107

【No.051】 **年次有給休暇**に関する記述として、妥当なのはどれか。

1　年次有給休暇は、事由を限らずに与えられる無因性の休暇であるが、職員が請求した場合に、任命権者が請求を認めるかどうかの裁量権を有している。

2　年次有給休暇は、法定の要件が満たされることにより当然に発生する権利ではなく、職員の年次有給休暇の請求を待って初めて発生する休暇である。

3　年次有給休暇は、労働基準法の規定を受けた条例に基づき、職員が希望する時季に与えられ、それに対し任命権者は、時季変更権を有しない。

4　前年の勤務実績が一定割合以上である職員は、未使用の年次有給休暇を翌年度に繰り越せるが、この場合、育児休業期間は勤務実績に算入されない。

5　未使用の年次有給休暇は、労働基準法で請求権の消滅時効を2年間とされていることから、職員の年次有給休暇の請求も2年の時効とされている。

ポイント整理
■年次有給休暇
○年次有給休暇は、職員の心身の疲労を回復させ、労働力の維持培養を図ることを目的として、原則として職員の請求する時季に与える年間の一定日数の休暇をいう。

○**労働基準法**第39条の年次有給休暇では、使用者は雇用日から6か月間継続勤務し全労働日の8割以上出勤した労働者に対して与えるとしている。8割以上に達しなかった場合には、翌年の年休請求権は発生しない。

○労働基準法による年次有給休暇は、まず、労働者に10日間が発生し、1年ごとに加算が行われ、加算の上限が20日とされている。

●**地方公共団体の職員の「年次有給休暇」は「条例」で定められる。**

○年次有給休暇は、勤続2年目以降の職員には、毎年1月1日に一律に20日（育児短時間勤務職員及び再任用短時間勤務職員は20日を超えない範囲で別に定める）、新規採用職員には採用時に別に定める日数が与えられる。

【No.051 解説】

1　年次有給休暇は、事由を限らずに与えられる無因性の休暇であり、職員が請求した場合に、任命権者が請求を認めるかどうかの裁量権は「有していない」。ただし例外として「勤務に支障がある場合には、他の時季に変更ができる」。

2　年次有給休暇は、法定の要件が満たされることにより当然に発生する権利で「あり」、職員の年次有給休暇の請求を待って初めて発生する休暇では「ない」。

3　年次有給休暇は、労働基準法の規定を受けた条例に基づき与えられる休暇である。年次有給休暇は、職員が希望する時季に与えられる。それに対し任命権者は、「業務の正常な運営を阻害する場合」には時季変更権を「有する」。

4　前年の勤務実績が一定割合以上である職員は、未使用の年次有給休暇を翌年度に繰越すことができるが、この場合、育児休業期間は勤務実績に「算入される」。

5　正解。

○年次有給休暇の日数のうち、その年に使用しなかった日数がある場合には、20日を限度に翌年度に繰り越すことができる。ただし、繰り越される年次有給休暇が付与された年の前年の勤務実績が**8割**に満たない場合には、繰越すことができない。

○年次有給休暇の繰越に係る勤務実績には、休日、休暇（病気休暇のうち日を単位とする場合を除く）、育児休業、公務災害、派遣、職務専念義務の免除、事故欠勤等の期間は、勤務したものとみなされる。

○年次有給休暇は、職員の請求する時季に与えなければならない。ただし請求された時季に休暇を与えることが職務に支障のあるときには、他の時季に与えることができる。

○年次有給休暇は、1日単位が原則であるが、自治体によっては、職務に支障がないときは、時間単位で与える場合も、又は半日又は1の年において5日の範囲内で1時間を単位として与える場合もある。

○年次有給休暇の**消滅時効は、2年間**とされている。

〔参照条文：労基法39、条例〕

【No.052】　**特別休暇**に関する記述として、妥当なのはどれか。

1　公民権行使等休暇は、職員が公民権を行使する場合に必要と認める時間が
　与えられる休暇であり、その請求された時刻を変更することはできない。
2　生理休暇は、生理日の勤務が著しく困難な場合の休養として与えられる休
　暇であり、職員の請求した日数が与えられ、その期間には給与が支払われる。
3　育児時間は、生後1年3か月に達しない生児を育てる職員に哺育のため
　に勤務時間中に与えられる休暇で、原則1日2回各45分が認められる。
4　慶弔休暇は、職員が結婚した場合や職員の親族が死亡した場合などに与え
　られる休暇であり、いずれの場合も引き続く7日以内で承認される。
5　ボランティア休暇は、職員が自発的に社会に貢献する活動を行う場合に与
　えられる休暇であり、その際、若干の報酬を得ることは差し支えない。

ポイント整理
■特別休暇の主なもの
●公民権行使等休暇…選挙権その他公民としての権利の行使又は公の職務
　の執行のための休暇である。必要と認められる時間が与えられる。
○この休暇は、請求を拒むことができないが、請求された時刻を変更する
　ことはできる。
●妊娠出産休暇…労働基準法第65条に定める産前産後の休暇として与え
　られる。
○産前産後を通じて16週間が与えられる。
○2週間については、妊娠初期に産前産後と分離して取得できる。
●育児時間…生後1年3か月に達しない生児を育てる職員に対して、哺
　育のために勤務時間中に与えられる休暇である。
○原則として1日2回各45分が認められる。1日2回以内かつ90分を
　超えない範囲内で15分単位で与えることもできる。

【No.052 解説】

1　公民権行使等休暇は、職員が公民権を行使する場合に必要と認められる時間が与えられる休暇であるが、請求された時刻を変更することは「できる」。

2　生理休暇は、生理日の勤務が著しく困難な場合の休養として与えられる休暇であり、職員の請求した日数を与える休暇であるが、「給与が支払われる期間は、1回につき引き続く2日まで」である。

3　正解。

4　慶弔休暇は、職員が結婚した場合や職員の親族が死亡した場合等に与えられる休暇であり、「結婚の場合」は引き続く7日以内で承認されるが、「親族が死亡した場合の日数は親族により異なる」。

5　ボランティア休暇は、職員が自発的に社会に貢献する活動を行う場合に与えられる休暇であるが、その活動は「無報酬」でなければならない。

●**生理休暇**…生理日の勤務が著しく困難な場合の休養として与えられる休暇である。

○職員の請求した日数が与えられるが、給与が支払われる期間は、1回につき引き続く2日までである。

●**慶弔休暇**…職員が結婚した場合、職員の親族が死亡した場合等の休暇である。

○結婚の場合、引き続く7日以内で承認される。

○親族が死亡した場合の日数は、親族により異なる。

●**災害休暇**…職員の現居住が災害により滅失又は損壊したときの復旧作業等のための休暇である。

○現住居が滅失又は損壊した日から7日以内で承認される。

●**ボランティア休暇**…職員が自主的に、かつ報酬を得ないで社会に貢献する活動を行う場合の休暇である。暦年において5日以内で承認される。

〔参照条文：労基法7・65、条例〕

【No.053】　**介護休暇**に関する記述として、妥当なのはどれか。

1　介護休暇は、家族機能の弱体化のために、疾病、負傷や老齢のために介護の必要がある配偶者又は1親等以内の親族を介護する場合に承認される。

2　介護休暇は、日常生活に支障がある者を介護する休暇であり、同一の被介護者に連続する3か月の期間必要と認められる期間及び回数が承認される。

3　介護休暇は、介護のため勤務しないことが相当である場合に認められるが、職員が実際に介護しかつ必ず被介護者と同居していなければ取得できない。

4　介護休暇は無給の休暇であり、介護休暇が承認された期間につき勤務しない1時間につき勤務1時間当たりの給料等の額の合計額の減額支給となる。

5　介護休暇は、日又は時間を単位に利用でき、時間を単位とする場合は、正規の勤務時間の始め又は終わりのいずれかで、1日2時間が限度となる。

ポイント整理
■介護休暇

○介護休暇とは、「**配偶者又は2親等以内の親族**」で、疾病、負傷又は老齢により日常生活を営むことに支障がある者の介護をするため、勤務しないことを相当であると認められる場合の休暇である。

○被介護者は、必ずしも職員と同居していることを要件としないが、職員が実際に介護している者でなければならない。

○被介護者が複数の場合には、それぞれに与えられる。

○介護休暇は、連続する**6か月**の期間内において必要と認められる期間及び回数について承認することができる。6か月の期間経過後であっても当該介護休暇の初日から2年間に限り、通算180日を限度として、2回まで更新することができる。

【No.053 解説】

1　介護休暇は、家族機能の弱体化のために、疾病、負傷や老齢のために介護の必要がある配偶者又は「2親等以内」の親族を介護する場合に承認される。

2　介護休暇は、日常生活に支障がある者を介護する休暇であり、同一の被介護者に連続する「6か月の期間」必要と認められる期間及び回数が承認される。

3　介護休暇は、介護のため勤務しないことが相当である場合に認められる。職員が実際に介護している場合でなければ取得できないが、職員は、必ずしも被介護者と「同居している必要はない」。

4　正解。

5　介護休暇は、日又は時間を単位に利用でき、時間を単位とする場合は、正規の勤務時間の始め又は終わりのいずれかにおいて、「1日4時間」が限度となる。

○介護休暇は、承認された期間内において、**日又は時間を単位**として、連続して又は断続して利用することができる。時間単位の場合は、1日の正規の勤務時間の始め又は終わりに、1日を通じて4時間を限度として承認される。

○介護休暇は**無給休暇**であり、介護休暇が承認されたときは、勤務しない1時間につき勤務1時間当たりの給料等の額の合計額が減額される。

○介護休暇取得者のうち、一定の要件に該当する者については、共済組合から「介護休業手当金」が支給される。

○介護休暇は、休暇を利用しようとする日の前日までに申請しなければならない。その際には、介護を必要とする証明書等の提出が必要である。

〔参照条文：条例〕

【No. 054】　**休業**に関する記述として、妥当なのはどれか。

1　休業には、自己啓発等休業、配偶者同行休業、育児休業及び大学院修学休業があり、公務に支障がない場合に認められるいずれも地公法の制度である。

2　自己啓発等休業は、職員が申請した場合において、職員の公務に関する能力の向上に資すると認める場合に限り、任命権者が承認する制度である。

3　配偶者同行休業は、職員が国内での勤務条例で定める事由で国内に住所又は居所を定めて滞在するその配偶者と生活を共にするための休業をいう。

4　育児休業法には、育児休業、育児短時間勤務及び部分休業があり、いずれも、生後3歳に満たない子どもを養育するための育児休業制度である。

5　大学院修学休業とは、公立の小中高等学校などの教諭等が専修免許状の取得を目的に、大学院の課程等に在学してその課程を履修する休業制度である。

ポイント整理
■休業
①自己啓発等休業（地公法に基づく制度）
○自己啓発等休業とは、職員に自己啓発及び国際協力の機会を提供することを目的として、大学等の課程の履修又は国際貢献活動を行う休業制度である。
②配偶者同行休業（地公法に基づく制度）
○配偶者同行休業とは、公務において活躍することが期待される有能な職員の継続的な勤務を促進するため、外国で勤務等をする配偶者と生活を共にする休暇制度である。
③育児休業等（地方公務員の育児休業等に関する法律に基づく制度）
○育児休業法に基づく制度には①育児休業、②育児短時間勤務、③部分休業がある。
a **育児休業**とは、「**生後3歳**」に満たない子どもを養育する職員が、当該子が3歳に達する日までの期間を限度として、育児休業する制度である。

【No.054 解説】

1　休業には、自己啓発等休業、配偶者同行休業、育児休業及び大学院修学休業の４種類があり、公務に支障がない場合に認められる。自己啓発等休業と配偶者同行休業は地公法上の制度であるが、「育児休業と大学院修学休業は別の法律に基づく制度である」。

2　自己啓発等休業は、職員が申請した場合において、「公務に支障がなく」、かつ当該職員の公務に関する能力の向上に資すると認める場合に、任命権者が承認する制度である。

3　配偶者同行休業は、職員が「外国」での勤務その他の条例で定める事由により「外国」に住所又は居所を定めて滞在するその配偶者と生活を共にするための休業をいう。

4　育児休業は生後３歳に満たない子どもを養育するための休業制度であるが、育児短時間勤務と部分休業は「小学校就学の始期に達するまでの子を養育する」休業制度である。

5　正解。

b **育児短時間勤務**とは、「**小学校就学の始期**」に達するまでの子を養育する職員が、常時勤務を要する職を占めたまま、勤務形態のいずれかの希望する日及び時間帯において勤務することができる制度である。

c **部分休業**とは、「**小学校就学の始期**」に達するまでの子を養育する職員が、正規の勤務時間の始め又は終わりに、１日を通じて２時間を超えない範囲で、30分を単位として勤務しないことを認められる制度である。

④大学院修学休業（教育公務員特例法に基づく制度）

○大学院修学休業とは、公立の小学校、中学校、高等学校、中等教育学校、特別支援学校及び幼稚園の教諭、養護教諭、栄養教諭及び講師が、専修免許状の取得を目的として、大学院の課程などに在学してその課程を履修するための休業制度である。

○大学院修学休業を受ける教諭等は、期間を示して任命権者の許可を受けなければならない。この期間は、地方公務員としての身分を保有するが、給与は支給されない。

〔参考条文：法26の４・26の５・26の６、育休法１・２、教特法26〕

【No.055】 **育児休業**に関する記述として、妥当なのはどれか。

1 育児休業は、生後1歳に満たない子どもを養育する職員が任命権者の承認を受け、当該子が1歳に達するまでの期間を限度に育児を支援する。

2 育児休業は、地方公務員の育児休業に関する法律に基づき実施され、原則、一般職の男女職員を対象とするが、両親が同時に取得することも可能である。

3 育児休業は、子を養育する職員が勤務を継続しながら育児を行う制度であり、一般職が対象となるが、条件付採用職員や臨時的任用職員は対象とならない。

4 育児休業期間中の職員には、給与（期末・勤勉手当を除く）は支給されないが、当該育児休業に係る期間中は共済組合から育児休業手当金が支給される。

5 育児休業中の期間は、条例に基づき、期末手当は7時間45分を1/3日に換算して算出され、退職手当はその期間を1/2日に換算して算出される。

ポイント整理
■育児休業等
○**育児休業、育児短時間勤務、部分休業**は、子を養育する職員を勤務を継続しながら育児を行うことを行政が支援する制度である。

①**育児休業**とは、**生後3歳に満たない子どもを養育する職員**が当該子が3歳に達する日までの期間を限度とし育児休業する制度である。

○育児休業の対象となる職員は、**一般職の男女職員を問わない**。両親が同時に取得することも可能である。

○育児休業は、条件付採用職員にも与えられるが、非常勤職員、臨時的任用職員、その他条例で定める職員等には与えられない。

○育児休業期間中は、給与は支給されないが、期末・勤勉の手当については、その期間中は欠勤日数に換算されるものの、支給される。

○育児休業中の職員に対して、当該育児休業に係る子が「1歳」に達する日まで共済組合から育児休業手当金が支給される。

○育児休業の請求は、原則育児休業をはじめる日の1か月前までに行う。

②**育児短時間勤務**とは、「小学校就学の始期」に達するまでの子を養育する職員が、**常時勤務を要する職を占めたまま**、勤務形態のいずれかの**希**

【No.055 解説】

1　育児休業は、「生後 3 歳」に満たない子どもを養育する職員が任命権者の承認を受けて、当該子が「3 歳」に達するまでの期間を限度として育児を支援する制度である。

2　正解。

3　育児休業は、子を養育する職員が勤務を継続しながら育児を行う制度である。一般職が対象となり、「条件付採用職員は対象となる」が、臨時的任用職員は対象とならない。

4　育児休業期間中の職員には、給与（期末・勤勉手当を除く）は支給されないが、当該育児休業に係る子が「1 歳」に達する日まで共済組合から育児休業手当金が支給される。

5　育児休業中の期間は、条例の規定に基づき、期末手当は 7 時間 45 分を「1/2 日」に換算し、退職手当はその期間を「1/3 日」に換算して算出される。

望する日及び時間帯に勤務できる制度である。

○育児短時間勤務の請求は、原則育児休業をはじめる日の 1 か月前までに行う。

③**部分休業**とは、「小学校就学の始期」に達するまでの子を養育する職員が、**正規の勤務時間の始め又は終わりに、1 日を通じて 2 時間**を超えない範囲で、**30 分を単位**に勤務しないことを認める制度である。

○部分休業により勤務しない時間については、勤務 1 時間当たりの給料等の額の合計額が減額される。

	育児休業	育児短時間勤務	部分休業
給料	無給	給料月額×算出率の支給	減額支給
期末手当	7 時間 45 分を1/2 に換算	短縮分の期間1/2 換算	7 時間 45 分を 1/3 換算
勤勉手当	7 時間 45 分を1 日に換算	短縮分の期間を欠勤日に換算	7 時間 45 分を 2/3 に換算
退職手当	期間を 1/3 除算	月数の 1/3 を除算	**除算しない**

〔参照条文：育休法 1・2・10・19〕

【№.056】 **修学部分休業**の記述として、妥当なのはどれか。

1　修学部分休業は、任命権者が職務命令として行う研修の一環として制度化
　されている休業であり、職員が公務に関する能力の向上を図る制度である。
2　修学部分休業は、地公法第26条の2の規定を受けて、条例の定めるとこ
　ろにより休業できる制度であり、一般職に限って認められている制度である。
3　修学部分休業は、職員の公務に関する能力の向上に資すると認める場合に
　限り認められる制度であり、大学その他の条例で定める教育施設で修学する。
4　修学部分休業は、公務能率の修学支援策として、職員の自発的な意欲を生
　かすための勤務上の便宜を図る制度で、勤務条件として位置づけられている。
5　修学部分休業は、条例で定める期間中、その一定の期間について、完全に
　職務から離れて、勤務しないことを任命権者が承認する制度である。

ポイント整理
■修学部分休業（法第26条の2）
○修学部分休業は、職員が**大学**その他の**条例で定める教育施設**において修
　学のための休業を認める制度である。
○修学部分休業は、臨時的任用職員、法律により任期を定めて任用されて
　いる職員（任期付職員、再任用職員）、非常勤職員、企業職員（地公企
　第39条）、単純労務職員（地公労法附則第5）には認められていない。
○修学部分休業は、「**公務に支障がなく**」、かつ「当該職員の**公務に関する
　能力の向上に資する**と認める場合」に認められる。

【No. 056 解説】

1　修学部分休業は、任命権者が職務命令として行う研修の一環として「ではなく」、職員が「自らの意思で」、公務に関する能力の向上を図る制度である。

2　修学部分休業は、地公法第26条の2の規定を受けて、条例の定めるところにより休業できる制度であるが、対象となる職員は、一般職のうち、「臨時的任用職員、非常勤職員、企業職員及び単純労務職員は除かれる」。

3　修学部分休業は、「公務の運営に支障がなく」、かつ、職員の公務に関する能力の向上に資すると認める場合に限って認められる制度であり、大学その他の条例で定める教育施設で修学する。

4　正解。

5　修学部分休業は、条例で定める期間中、「1週間の勤務時間の一部について」、勤務しないことを任命権者が承認する制度である。

○修学部分休業は、当該修学に必要と認められる期間として条例で定める期間中、**1週間の勤務時間の一部**について勤務しないことを任命権者が承認する制度である。

○修学部分休業をしている職員が、**休職又は停職の処分**を受けた場合には、休業承認の効力を失う。

○修学部分休業の職員には、条例で定めるところにより「**減額**」した給与が支給される。

〔参考条文：法26の2〕

【№. 057】 **高齢者部分休業**の記述として、妥当なのはどれか。

1 高齢者部分休業は、公務の運営に支障がなく、かつ、職員の公務に関する能力の向上に資すると認める場合に限って認められる制度である。

2 高齢者部分休業は、地公法で規定する5年を超えない範囲内で条例で定める年齢に達した日以後の日から定年退職日までの期間中に認められる。

3 高齢者部分休業は、条例で定める期間中、その一定の期間について、完全に職務から離れて、勤務しないことを任命権者が承認する制度である。

4 高齢者部分休業は、承認を受けて勤務しない場合でも、給与は減額されないが、職員が休職又は停職の処分を受けた場合には、休業許可の効力を失う。

5 高齢者部分休業は、高齢者である職員の担当職務の一部を他の者に提供する制度でもあり、いわゆるワークシェアリングも目的の一つとされている。

ポイント整理
■高齢者部分休業（法第26条の3）

○高齢者部分休業は、高齢者として条例で定める年齢に達した職員が申請した場合において、**公務の運営に支障がない**ときに認められる制度である。

○高齢者部分休業は、当該職員が**条例**で定める年齢に達した日以後の日で当該申請において示した日から当該職員の定年退職日までの期間中、**1週間の勤務時間の一部**について勤務しないことを承認する制度である。

○高齢者部分休業の、「職員が申請した場合」、「公務の運営に支障がないと認めるとき」、「条例で定めるところにより」、「1週間の勤務時間の一部」については、修学部分休業と同じであり、高齢者部分休業と修学部

【No. 057 解説】

1　高齢者部分休業は、公務の運営に支障がないと認めるときに認められ、「職員の公務に関する能力の向上に資すると認めるとする規定はない」。

2　高齢者部分休業は、条例で定める年齢に達した日以後の日から定年退職日までの期間中に認められる。「地公法の5年を超えない範囲内の規定は削除」されている。

3　高齢者部分休業は、条例で定める期間中、「1週間の勤務時間の一部について」、勤務しないことを任命権者が承認する制度である。

4　高齢者部分休業は、承認を受けて勤務しない場合には、給与が「減額される」し、又職員が休職又は停職の処分を受けた場合には、休業許可の効力を失う。

5　正解。

　　分休業の違いは、高齢者部分休業には修学部分休業において必要とされる「当該職員の能力の向上に資すると認めるとき」という要件がないことである。

○高齢者部分休業をしている職員の**給与**は、退職手当に関する部分を除き、修学部分休業と同じ「**減額**」した額である。

○高齢者部分休業をしている職員が、**休職又は停職の処分**を受けた場合には、承認の効力を失う。

○制度により休業する職員の**代替え**として短時間勤務職員を採用することができる。

〔参考条文：法26の3〕

【No.058】　分限と懲戒との関係に関する記述として、妥当なのはどれか。

1　処分を行う場合において、分限と懲戒のいずれの処分にするか、また分限と懲戒の両方の処分にするかは、任命権者の自由裁量であるとされる。

2　処分は、分限については公務の秩序維持を図ることを目的として行われるが、懲戒は公務の能率かつ適正な運営を図ることを目的として行われる。

3　処分を行う場合において、分限と懲戒のいずれの処分にするかは自由裁量であるが、いずれの処分も法律の事由によらなければならない制限がある。

4　処分のうち、懲戒は、職員の一定の義務違反に対する道義的責任を問う処分であり、秩序を維持する制裁であり、かつ職員の身分保障の処分でもある。

5　分限と懲戒は目的を異にし、処分のうち不利益な身分上の変動をもたらす処分が懲戒であり、不利益な身分上の変動をもたらさない処分が分限である。

ポイント整理
■分限及び懲戒の関係

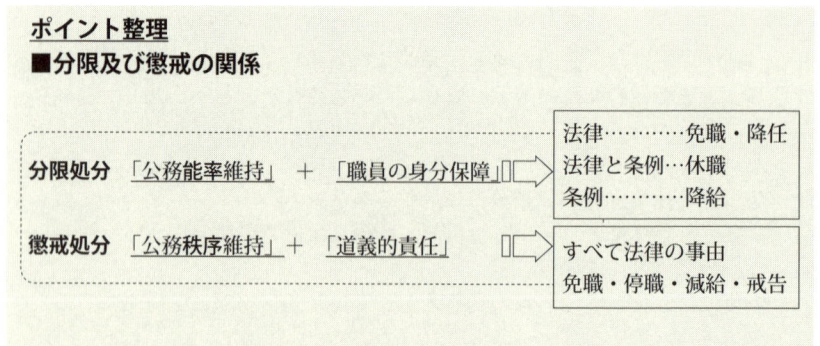

【No.058 解説】

1　正解。

2　処分は、分限は公務の「能率」維持を図ることを目的として行われるが、懲戒は公務の「秩序」維持を図ることを目的として行われる。

3　処分を、分限と懲戒のいずれにするかは自由である。「懲戒」は法律の事由によらなければならないが、「分限は法律又は条例の事由による」。

4　処分のうち、懲戒は職員の一定の義務違反に対する道義的責任を問う処分であり秩序を維持する制裁であるが、職員の身分保障の処分は「分限」である。

5　分限と懲戒は目的を異にするが、「分限と懲戒ともに、不利益な身分上の変動をもたらす処分である」。

○**分限と懲戒ともに**、不利益な身分上の変動をもたらす処分である。

○すべての職員の分限及び懲戒については、公正でなければならない。

○職員に対して地公法による身分保障が行われていることは、民間の労働者と比較した場合の特徴である。

○**分限**は、公務能率を維持することを目的とする処分であるが、分限事由以外は処分を受けることがないことから、分限は職員の身分保障でもある。

○**懲戒**は、公務秩序を維持することを目的とする処分であり、かつ職員の道義的責任を問う処分である。

○処分を、分限と懲戒の**いずれにするか**又は**しないか**、分限と懲戒の**両方にするか**は、任命権者の**自由裁量**である。

〔参照条文：法 27〕

【No.059】 分限と懲戒の基準に関する記述として、妥当なのはどれか。

1 職員は、法律の事由によらなければ分限の免職処分が適用されず、その事由としては、交通事故を起こして刑事事件で起訴された場合がある。

2 職員は、法律の事由によらなければ分限の休職処分が適用されず、その事由としては、人事評価等に照らして勤務実績がよくない場合がある。

3 職員は、法律の事由によらなければ懲戒の戒告処分が適用されず、その事由としては、職務上の義務に違反し、又は職務を怠った場合がある。

4 職員は、条例の事由によらなければ分限の降任処分が適用されず、その事由としては、勤務が怠慢で節度を欠き、職に必要な適格性を欠く場合がある。

5 職員は、法律の事由によらなければ懲戒の停職処分が適用されず、その事由としては、心身の故障のため長期の休養を必要とする場合がある。

ポイント整理
■分限及び懲戒の基準
○職員の身分保障は、職員にとって不利益処分である分限処分及び懲戒処分を、法律及びこれに基づく条例で定める場合以外には認めないという形で具体化されている。
○分限処分又は懲戒処分が不当に行われた場合には、不利益処分に関する審査請求を行う権利が認められ、さらにこれらの処分が違法な場合には行政事件訴訟法に基づいて出訴することができることとされている。
○**分限処分**の事由は、**法律事由**と**条例事由**による。
○地公法は、分限処分として、次の4種類を定めている。
①免職…職員として身分を失わせる処分。
②降任…現に有する職よりも、下位の職に任命する処分。

【No.059 解説】

1 　職員は、法律の事由によらなければ分限の免職処分が適用されないが、交通事故を起こして刑事事件で起訴された場合は、「分限休職の事由」である。

2 　分限の休職処分は、「法律又は条例の事由」によることとされており、また人事評価等に照らして勤務実績がよくない場合は、分限の「免職又は降任」の事由である。

3 　正解。

4 　分限の降任処分は、「条例ではなく、法律の事由」とされている。当然その事由に、勤務が怠慢で節度を欠きその職に必要な適格性を欠く場合がある。

5 　職員は、法律の事由によらなければ懲戒の停職処分が適用されないが、心身の故障のため長期の休養を必要とする場合は、「分限休職の事由」である。

③休職…職員を、一定期間職務に従事させない処分。

④降給…職員が現に決定されている給料の額よりも、低い額の給料に決定する処分。

○①免職及び②降任については、「**地公法**」に定める事由に、③休職については、「**地公法**」で定める事由又は「**条例**」（人事委員会規則）で定める事由に、④降給については、「**条例**」で定める事由によらなければならない。

○**懲戒処分**の事由は、**すべて法律事由**である。

①懲戒処分には「免職」「停職」「減給」「戒告」の４つがある。

〔参照条文：法27〕

【No.060】 **分限処分**に関する記述として、妥当なのはどれか。

1　任命権者は、分限処分を行うかどうかの決定を公正に行わなければならないが、処分の程度については他の処分との均衡まで考えなくてよい。

2　任命権者は、条件付採用期間中の職員には身分保障が与えられないので、条例の有無にかかわらず地公法の分限の規定を適用することができる。

3　任命権者は、職員が一定の事由によりその職責を十分に果たすことができない場合には、分限処分として降任、免職、休職及び減給を行うことができる。

4　任命権者は、公務員関係の規律や秩序維持のために、職員の一定の義務違反の行為に対して特別権力関係に基づく分限処分を課することができる。

5　任命権者は、分限処分を行うときに相手方に対して処分説明書を交付しなければならない。しかし処分説明書の交付は処分の効力の発生要件ではない。

ポイント整理
■分限処分
○分限処分とは、職員が一定の事由によりその職務を十分に果たすことができない場合など、本人の意に反する不利益な身分上の変動をもたらす処分をいい、その目的は、「**公務能率の維持と向上**」を図ることにある。
■分限の特色
○分限処分の場合でも、相手方に対して処分説明書を交付しなければならない。しかし処分説明書の交付は処分の効力の発生要件ではない。
○分限処分を受けた職員から処分説明書の請求を受けたときは、任命権者は、その日から 15 日以内に処分説明書を交付しなければならない。
○分限処分は、同一事由で「**２つの分限処分**」を行うことも可能である。例えば、分限休職と分限降任の２つの処分を併せ行える。
○分限処分は、懲戒処分と同様に、過去にさかのぼって処分を行うことができない。

【No.060 解説】

1　任命権者は、分限処分を行うかどうかの決定には公正の原則が適用され、処分の程度については、それが苛酷であるかどうか、及び「他の処分との均衡が図られているか」どうかの2点を考えなくてはならない。

2　任命権者は、条件付採用期間中の職員には身分保障が与えられないので、法律や原則として条例による分限処分を適用することが「できない」。なお分限について条例で必要な事項を定めることができるので、その条例が定められているときはその限りで身分保障がされる。

3　任命権者は、職員が一定の事由によりその職責を十分に果たすことができない場合には、分限処分として降任、免職、休職及び「降給」を行うことができる。減給は懲戒処分の一つである。

4　任命権者が、公務員関係における規律や秩序維持のために、職員の一定の義務違反の行為に対して特別権力関係に基づく処分を課すのは「懲戒処分」である。

5　正解。

■**分限処分の手続及び効果**
○職員の意に反する免職、降任、休職及び降給の手続及び効果は、法律に特別の定めがある場合を「**除く**」ほか、「**条例**」で定めなければならない。
■**分限規定の適用除外**

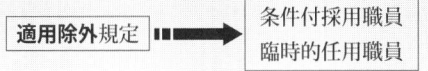

| 適用除外規定 | ▶ | 条件付採用職員 臨時的任用職員 | ●**分限の適用がない。** ●**不利益処分に関する審査請求ができない。** |

○条件付採用期間中の職員には、身分保障が与えられていないので分限処分を適用することができない。なお分限処分について条例で必要な事項を定めることができるので、その条例が定められているときはその限りで身分保障がされる。

〔参照条文：法28〕

【No.061】 **分限処分の事由**に関する記述として、妥当なのはどれか。

1 職員は、人事評価又は勤務の状況を示す事実に照らして勤務実績がよくないことを理由に降任を受けることがあるが、分限免職を受けることはない。
2 職員は、心身の故障のため、職務の遂行に支障があることを理由に、その意に反して休職を受けることがあるが、分限免職を受けることはない。
3 職員は、職制・定数の改廃又は予算の減少による廃職又は過員を理由に、その意に反して休職を受けることがあるが、降任処分を受けることはない。
4 職員は、心身の故障で長期の療養が必要であることを理由に、その意に反して降任の処分を受けることがあるが、休職処分を受けることはない。
5 職員は、刑事事件に関して起訴され、裁判所による勾留などを理由に、その意に反して休職を受けることがあるが、分限免職を受けることはない。

【No.061 解説】

1　職員は、人事評価又は勤務の状況を示す事実に照らして勤務実績がよくないことを理由として、その意に反して降任を受けるし、また「分限免職を受けることもある」。

2　職員は、心身の故障のため、職務の遂行に支障があることを理由として、その意に反して「休職を受けることはない」が、「分限免職を受けることはある」。

3　職員は、職制・定数の改廃又は予算の減少による廃職又は過員を理由として、その意に反して「降任又は免職」を受けることがあるが、「休職を受けることはない」。

4　職員は、心身の故障で長期の療養が必要であることを理由として、その意に反して「休職処分」を受けることがあるが、「降任処分を受けることはない」。

5　正解。

ポイント整理
●分限処分の事由

分限処分	免職・降任	法律事由	a **人事評価等に照らして勤務実績がよくない**場合 b **心身の故障で勤務に堪えられない**場合 c **その職の適格性を欠く**場合 d **職制、定数の改廃等による廃職、過員**などの場合
	休職	法律・条例事由	a **心身の故障で、長期の休養**の場合 b **刑事事件で起訴**された場合 ※**条例で定める事由**（条例で人事委員会規則が定める事由としている）
	降給	条例事由	a **条例による**。

〔参照条文：法28〕

【No.062】 **懲戒処分**に関する記述として、妥当なのはどれか。

1 懲戒処分は、規律と秩序を維持するため地公法に戒告、降給、停職及び免職が法定されており、これ以外の懲戒処分を条例で定めることはできない。

2 懲戒処分の事由は、地公法により法令違反、職務上の義務違反及び職務怠慢が規定されており、これ以外の事由により懲戒処分を行うことはできない。

3 懲戒免職を行う場合、解雇に関する労働基準法の規定は適用されず、当該処分を受ける職員に対し、解雇予告や解雇予告手当の支払いを必要としない。

4 懲戒処分は、原則として取消又は撤回を行うことは許されず、人事委員会又は裁判所の判定又は判決によってのみ取消すことができるに止まる。

5 懲戒処分の手続は、法に特別の定めがある場合を除き条例で定めることができるので、懲戒処分の執行猶予に関する事項も条例で定めることができる。

ポイント整理

■懲戒処分

○懲戒処分は、職員の一定の義務違反に対する「道義的責任を問う」ことにより、地方公共団体の規律と公務の秩序維持を図ることを目的とする。

■懲戒処分の種類

①免職、②停職、③減給、④戒告の４種類がある。

■懲戒処分の事由………「**次の３つの法律事由**」

①法令等に違反した場合。

②職務上の義務に違反し、又は職務を怠った場合。

③全体の奉仕者としてふさわしくない非行がある場合。

■取消・撤回

○懲戒処分の取消及び撤回はできない。ただし例外として「取消」は、人事委員会の判定又は裁判所の判決があればできる。

【No.062 解説】

1　懲戒処分は、規律と秩序を維持するために地公法に戒告、「減給」、停職及び免職が法定されており、これ以外の懲戒処分を条例で定めることはできない。

2　懲戒処分の事由は、地公法により①法令違反、②職務上の義務違反及び職務怠慢のほか、「③全体の奉仕者としてふさわしくない非行がある場合」の3事由が規定されており、これ以外の事由により懲戒処分を行うことはできない。

3　懲戒免職を行う場合は、解雇に関し労働基準法の規定が「適用される」。したがって、当該処分を受ける職員に対し解雇予告や解雇予告手当の支払いが「必要である」。

4　正解。

5　懲戒処分の手続は、法に特別の定めがある場合を除いて条例で定めることができるが、懲戒処分の執行猶予を条例で定めることは「できない」。

■**特例**…次の場合は、退職前の在職期間中の事由が懲戒処分の対象となる。
①**職員がいったん退職し、「特別職地方公務員等に就いた後」、再度職員となった場合**
②**職員が再任用として採用された場合**
■**手続・効果**…「条例」で定める。
○手続及び効果は、法律に定めがある場合のほか、条例で定めることができる。ただし懲戒処分の執行猶予などを条例で定めることはできない。
○懲戒処分の効果は、原則として分限処分と同様に、遡及しない。
○懲戒免職を受けたときは、退職手当条例の定めるところにより、退職手当は支給されず、懲戒免職又は停職処分を受けたときは、地方公務員等共済組合法に基づく長期給付（年金）の一部が制限される。
■**労働基準法による懲戒処分の制限**
○懲戒免職を行う場合は、解雇に関し労働基準法の規定が適用される。したがって、当該処分を受ける職員に対し解雇予告や解雇予告手当の支払いが必要である。

〔参照条文：法27・29、労基法20〕

【No.063】　懲戒処分の種類と事由に関する記述として、妥当なのはどれか。

1　停職は、法令等に違反した場合などにおいて、懲罰として職員を一定期間職務に従事させない処分であり、停職の場合、給与は減額して支給される。
2　減給は、一定期間職員の給料等を減ずる処分であり、減給の範囲は条例に基づくが、企業職員と単純労務職員の減給には、労働基準法が適用される。
3　訓告は、懲戒処分の一つであり、職務上の義務に違反した場合において懲戒処分としての制裁的実質を備えなている場合において行い得る処分である。
4　免職は、懲罰として勤務関係から排除する処分で、職員の身分を失わせる点で分限免職と異なり、懲戒免職の場合は退職手当や年金で不利益を受ける。
5　戒告は、懲戒の一番軽い処分であり、全体の奉仕者としてふさわしくない非行がある場合に限り、規律違反の責任を確認しその将来を戒める処分である。

ポイント整理
■懲戒処分の種類
①**免職**…職員として身分を失わせる処分。
○懲戒免職は、退職手当や年金で不利益を受ける。
○地企公法で争議行為を行った者を解雇できるが、この解雇も懲戒免職と同趣旨である。
②**停職**…職員を一定期間職務に従事させない処分。
○停職の期間は、ノーワーク・ノーペイの原則により、給与が支給されない。
○この期間は、退職手当の期間からもはずされる。
③**減給**…職員の給与を「一定期間」、減額して支給する処分。
○分限の降給は基本額そのものを変更するのに対し、減給は給料の基本額は変更せず、一定割合の一時的な減額であり、所定期間の経過により自動的に元の給料額に戻る。

【No.063 解説】

1　停職は、法令等に違反した場合などにおいて、懲罰として職員を一定期間職務に従事させない処分であり、停職の場合、働かない者に支給しない原則により、「いかなる給与も支給されない」。

2　正解。

3　訓告は、懲戒処分の一つでは「なく」、懲戒処分としての制裁的実質を「備えない」ものである限りにおいて行い得る。

4　免職は、懲罰として勤務関係から排除する処分で、職員の身分を失わせる点では分限免職と「同じ」であるが、懲戒免職は退職手当や年金で不利益を受ける。

5　戒告は、懲戒の一番軽い処分であるが、全体の奉仕者としてふさわしくない非行がある場合に「限らず」、「法令等に違反した場合や、職務上の義務に違反し又は職務を怠った場合」に、規律違反の責任を確認し、その将来を戒める処分である。

○職員のうち、企業職員及び単純労務職員には労働基準法第91条が適用され、減給処分をするときは、1回の額が平均賃金の1日分の半額又は一の給与支給日に支払われる給与の総額の10分の1のいずれか低い方の額を超えてはならない制限がある。

④**戒告**…職員の規律違反の責任を確認するとともに、その将来を戒める処分。

○**訓告**は、懲戒処分ではない。懲戒処分としての制裁的実質を備えないものである限りにおいて行い得る。

■**事由**………「**法律事由**」の3つに限られる。

事由	①法令等に違反した場合。 ②職務上の義務に違反し、又は職務を怠った場合。 ③全体の奉仕者としてふさわしくない非行がある場合。

〔参照条文：法29、労基法91〕

【No.064】 **懲戒処分の要件**に関する記述として、妥当なのはどれか。

1 懲戒処分は、職員の非違に対して処罰をする処分で、地公法に定める4つの種類に限られるが、必要があれば条例で種類を追加することもできる。

2 懲戒処分は、職員に故意又は過失があったことを要件とし、1つの義務違反に対して2種類以上の懲戒処分を重ねて行うことも認められている。

3 懲戒処分を行う際には、任命権者には処分説明書の交付義務が発生するので、処分説明書の交付がなければ処分の効果に影響を与えることになる。

4 懲戒処分は、職員の道義的責任を問う処分であり公務秩序維持を目的とする処分であるから、当該処分事由が発生した時点にさかのぼって効果が及ぶ。

5 懲戒処分を受けた者が、当該地方公共団体に損害を与えた場合には、民法上、自治法上又は国家賠償法上による特別の損害賠償責任を負う場合がある。

【No.064 解説】

1　懲戒処分は、職員の非違に対して処罰をする処分で、地公法に定める4つの種類に限られており、「例外はなく」、「条例で種類を追加することはできない」。

2　懲戒処分は、職員に故意又は過失があったことを要件とするが、懲戒処分は、分限処分と異なり、1つの義務違反に対して2種類以上の懲戒処分を「重ねて行うことはできない」。

3　懲戒処分を行う際には、任命権者には処分説明書の交付義務が発生するものの、処分説明書の交付がなくても、「処分の効果に影響を与えない」。

4　懲戒処分は、職員の道義的責任を問う処分であり公務秩序維持を目的とする処分であるが、当該処分は「処分時以降に効果が及び」、当該処分事由が発生した時点に「さかのぼることはない」。

5　正解。

ポイント整理
■懲戒処分の要件

要件	①**処分種類**…………地公法の4つの処分に限られる。 ②**処分併課**…………懲戒処分の中での併課はできない。 ③**説明書の交付**……処分説明書の交付義務がある。ただし交付がなくても処分の効果に影響はない。 ④**処分の遡及**………処分は遡及しない。 ⑤**損害賠償責任**……処分と損害賠償責任は別である。

○同一職員に複数の義務違反がある場合には、個別に懲戒処分を行うことができるし、また全体を勘案した1つの懲戒処分を行うこともできる。

〔参照条文：法29〕

【No.065】　**地方公務員の賠償責任**に関する記述として、妥当なのはどれか。

1　地公法は、職員が職務の執行に関連して住民や自治体に財産上の損害を与えた場合には、民法上の不法行為とは別に損害賠償責任を有するとしている。
2　自治法上の賠償責任は、故意又は重大な過失を要件とするものであり、公金を亡失した場合も同様であり、自治法の規定により損害賠償責任を有する。
3　公権力の行使にあたる職員が、故意又は過失によって他人に損害を与えた場合でも、適法な行為であるときには、自治体が損害賠償責任を負わない。
4　物品を使用又は管理する職員が、その物品を故意又は過失により損傷させ、これによって自治体に損害を与えた場合には、損害賠償責任を有する。
5　職員の公権力で自治体が国家賠償法に基づく損害賠償責任を負う場合に、その職員に故意又は過失があるときは、自治体はその職員に求償権を有する。

ポイント整理
■地方公務員の賠償責任
○私法上の責任と公法上の責任
①私法上の責任（民法上の不法行為）とは、故意又は過失によって他人の権利又は法律上保護される利益を侵害し、住民や自治体に損害を与えた場合に負う責任をいう。
②公法上の責任には、「**国家賠償法**」に基づく職員の賠償責任と「**地方自治法**」に基づく職員の賠償責任とがある。地公法上には賠償責任の規定はない。
■国家賠償法に基づく「賠償責任」

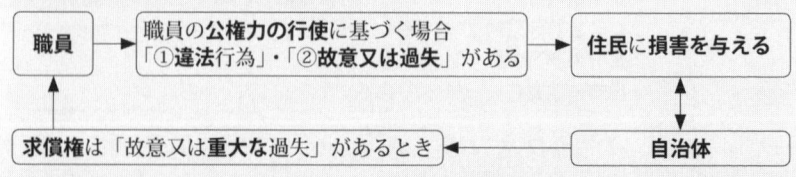

●公権力の行使にあたる職員が、「**故意又は過失**」によって「**違法**」に、他人に損害を与えた場合、その職員が所属する自治体が賠償責任を負う。

【No.065 解説】

1　地公法には、職員が職務の執行に関連して住民や自治体に財産上の損害を与えた場合の、損害賠償責任についての「定めはない」。

2　自治法上の賠償責任は、原則として故意又は重大な過失を要件とするものであるが、公金を亡失した場合は「例外規定があり」、故意又は「過失で足り」、軽過失でも損害賠償責任を有する。

3　正解。

4　物品を使用又は管理する職員が、それを故意又は「重大な過失」により損傷させ、これによって自治体に損害を与えた場合には、損害賠償責任を有する。

5　職員の公権力で自治体が国家賠償法に基づく損害賠償責任を負う場合に、その職員に故意又は「重大な過失」があるときは、自治体はその職員に求償権を有する。

○職員に「故意又は**重大な**過失」があるときは、自治体はその職員に対し「**求償権**」を有する。

■地方自治法に基づく「賠償責任」

┌─**公金・物品等の取扱い**………**亡失・損傷**
└─**予算執行**…………………………**違反・怠る**

○公金（現金）を保管している職員が「**故意又は過失**」によりそれを亡失した場合

○物品を使用・管理する職員、有価証券を保管する職員、占有動産を管理する職員などが「**故意又は重大な過失**」によりそれを損傷し、自治体に損害を与えた場合

○予算執行の職員が、「**故意又は重大な過失**」により、法令に違反又は怠る事務を行い、自治体に損害を与えた場合

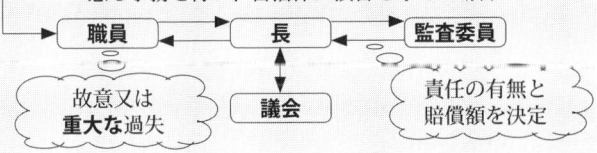

職員　⇄　長　⇄　監査委員

故意又は**重大な**過失　議会　責任の有無と賠償額を決定

〔参照条文：自治 243 の 2、賠償法 1、民 709〕

【No.066】 **服務の根本基準**に関する記述として、妥当なのはどれか。

1 服務の根本基準は、職員が特別権力関係を受諾したことにより生ずる。

2 服務の根本基準は、憲法に根拠があるのではなく地公法にある。

3 服務の根本基準は、職員が現に職務を執行する時間内に限り適用される。

4 服務の根本基準は、地公法により課せられ、条例による服務義務はない。

5 服務の根本基準は、この精神に違反しても罰則の規定を持たない。

ポイント整理
■服務の根本基準
○地公法第30条は、「すべて職員は、全体の奉仕者として公共の利益の
ために勤務しかつ職務の遂行にあたっては、全力をあげてこれに専念し
なければならない」と規定している。この規定は**憲法**第15条第2項の
「全体の奉仕者」の規定を受けたものである。

○服務の根本基準は、「**全体の奉仕者の精神**」と「**職務専念義務**」から成
り立っている。

○服務の根本基準である職務専念義務は、倫理的な意義を持ち、また地方
公共団体と公務員の関係から契約的な意義を持っている。

○服務の根本基準は、職員が現に職務を執行している場合だけでなく、勤
務時間外、休職あるいは停職のように、現に職務を執行していない場合
にも適用される。

【No.066 解説】

1　正解。

2　服務の根本基準は、「憲法にも根拠がある」。

3　服務の根本基準は、職員が現に職務を執行する「時間内に限られない」。

4　服務の根本基準は、地公法の規定のみならず、「条例の規定によっても服務義務が発生」する。

5　服務の根本基準の精神に違反した場合には、懲戒処分の対象となり、「罰則規定の適用を受けることもある」。

○服務の根本基準は、地方公務員制度の根幹をなす規定である。この規定自体は精神的ないし倫理的な規定であり、この規定違反は**懲戒処分の対象とならない**。ただしこの規定の精神に反する行為は、法令等及び上司の職務上の命令に従う義務、信用失墜行為の禁止、職務に専念する義務などの個別の服務規定違反として措置される。

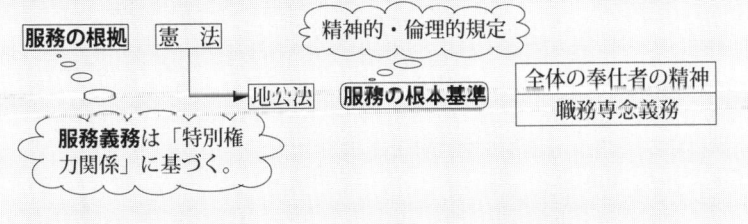

〔参照条文：法30、憲法15〕

【No.067】 **職務上の義務と身分上の義務**の記述として、妥当なのはどれか。

1 服務の根本基準の原理を実現するために、地公法上の義務は、職務上の義務と身分上の義務とに分類されるが、この両者には本質的な違いがある。

2 職務上の義務には、服務の宣誓、法令等及び上司の職務上の命令に従う義務、職務に専念する義務、信用失墜行為の禁止などの義務が該当する。

3 職務上の義務と身分上の義務とにおいて、いずれかの義務に違反する場合には、懲戒処分の対象となり、また地公法上の罰則が適用される場合がある。

4 職務上の義務と身分上の義務とを比較すると、後者は勤務時間外、休職の期間中あるいは停職の期間中の場合にも守らなければならない義務である。

5 身分上の義務の命令は、身分上の上司のみが発することができ、職務上の上司は職務命令に止まり、身分上の義務の命令を発することはできない。

【No.067 解説】

1　服務の根本基準の原理を実現するために、地公法上の義務は、職務上の義務と身分上の義務とに分類されるが、この両者には本質的な違いが「あるわけではない」。

2　職務上の義務には、服務の宣誓、法令等及び上司の職務上の命令に従う義務、職務に専念する義務がある。「信用失墜行為の禁止は身分上の義務」である。

3　職務上の義務と身分上の義務とにおいて、いずれかの義務に違反する場合には、懲戒処分の対象となるが、このうち地公法上の罰則の適用があるのは「秘密を守る義務」と「争議行為等の禁止」の2つだけである。

4　正解。

5　身分上の義務の命令については、身分上の上司のみならず、「職務上の上司も」発することが「できる」。

ポイント整理

■地公法上の義務は、「**職務上の義務**」と「**身分上の義務**」とに分類される。

○職務上の義務と身分上の義務との両者には、本質的な違いはない。

○両者は、すべて懲戒処分の対象となるが、**罰則**の適用があるのは「**秘密を守る義務**」と「**争議行為等の禁止**」だけである。

○部下に対し、**職務上の上司**は、職務上の命令と身分上の命令を発することができるが、**身分上の上司**は身分上の命令のみを発することができる。

職務上の義務	身分上の義務
①服務の宣誓	①信用失墜行為の禁止
②法令等及び上司の職務上の命令に従う義務	②秘密を守る義務
③職務に専念する義務	③政治的行為の制限
	④争議行為等の禁止
	⑤営利企業への従事等の制限

【No.068】 **服務の宣誓**に関する記述として、妥当なのはどれか。

1 服務の宣誓は、職員が職務上の義務を負うことを確認し宣誓する事実上の行為であり、職員の倫理的な自覚を促すことを目的としている。
2 服務の宣誓は、職員が誠実かつ公正に職務を執行することを宣言する行為であり、どのような内容の宣誓を行うかは職員自身に委ねられている。
3 服務の宣誓は、公務員の任命要件であり、任命権者の定める公務員の前で宣誓書に署名する義務があり、宣誓を行わない者を公務員に任命できない。
4 服務の宣誓は、職員が服務上の義務を負うことを受諾する行為であり、宣誓を行うことによって公務員としての身分が付与されると解されている。
5 服務の宣誓は、単なる宣言と位置づけられており、職員はその責に帰すべき事由により宣誓を行わなかった場合にも、服務上の義務違反とはならない。

ポイント整理
■服務の宣誓

服務**義務**は辞令交付時から発生する。

辞令交付 → 服務の宣誓 →

①条例＝条例による宣誓。
②目的＝倫理的自覚を促す。
③行為＝住民に対して宣誓する。
④違反＝宣誓の違反は懲戒処分の対象となる。

○**条例**…地公法第31条は、職員は「**条例**」の定めるところにより、服務の宣誓をしなければならないとしている。

【No.068 解説】

1　正解。

2　服務の宣誓は、職員が誠実かつ公正に職務を執行することを宣言する行為であり、各自治体は、「職員の服務の宣誓に関する条例を定めている」。したがって、どのような内容の宣誓を行うかを「職員に委ねていない」。

3　服務の宣誓は、公務員の任命要件であり、任命権者の定める公務員の前で宣誓書に署名する義務があるが、宣誓を行わないことが、「公務員に任命できない事由とはならない」。

4　服務上の「義務」は、「採用後の服務の宣誓によって生ずるものではなく」、「採用されたことにより当然に生ずる義務である」。

5　服務の宣誓は、「職務上の義務」であり、職員はその責に帰すべき事由により宣誓を行わなかった場合には「服務上の義務違反となり」、懲戒処分の対象となる。

○**目的**…服務の宣誓は、職員の**倫理的自覚**を促すことを目的とする制度である。

○**住民**…服務の宣誓は、職員が服務上の義務を負うことを確認し、当該地方公共団体の**住民**に宣誓する事実上の行為である。

○**義務**…職員の**服務上の義務**は、採用後（辞令交付後）に行われる服務の宣誓を行うことによって生じるものではなく、辞令交付時点で「**特別権力関係**」に服することを受諾することによって生じる。

○**毎回**…服務の宣誓は、新たに職員になったその都度行なわなければならず、退職した職員が再び職員として採用されたときは改めて行う必要がある。

○**違反**…服務の宣誓を行うことは職員の義務であり、宣誓を行なわない場合には、服務義務違反となり、**懲戒処分の対象**となる。

〔参照条文：法31〕

【No.069】 **法令等に従う義務**に関する記述として、妥当なのはどれか。

1 法令等に従う義務は、公務員関係における服務義務の一つであり、地公法上の義務に関する分類では、身分上の義務として位置づけられている。

2 法令等に従う義務は、公務に携わる職員に課せられた義務であり、法令遵守を定めたもので、勤務時間中に限られず、勤務時間外にも適用される。

3 法令等に従う義務は、公務の中で重要な義務であり、職務と無関係な一市民として法令に違反した場合でも、懲戒処分のみならず刑罰の対象となる。

4 法令等に従う義務は、職務を遂行するにあたって、法規的な性質を有する法律のほか、条例、規則に従う義務を指すが、単なる規程や要綱は除かれる。

5 法令等に従う義務は、職員の職務の遂行に関連する法令等に従う義務を指すものであって、職務の遂行と直接関係のない法令等を指すものではない。

ポイント整理
■法令等に従う義務
○行政は、法令等に基づき行われ、その職務を遂行する職員が法令等に従うべきことは、当然である。

○法令等に従う義務は、「法治主義の原則」と「特別権力関係」とに基づく義務である。

法治主義の原則	職員は、法規範に則って行動しなければならない。このことは法律による行政の原理から要請されている。

特別権力関係	義務	職員は特別権力関係に基づき、法令又は職務命令に従う義務を負う。
	出訴	職員は任命権者が自由裁量の範囲を逸脱又は濫用した場合に限って出訴できる。

■法令等に従うこと。
①法令等に従う義務は、法律による行政の原理と行政の適法性の原則に基づいている。

②法令等とは、法律、条例、規則、規程、要綱などを指す。

【No.069 解説】
1　法令等に従う義務は、公務員関係での服務義務の一つであり、地公法上の義務に関する分類では、「職務上の義務」として位置づけられている。

2　法令等に従う義務は、公務に携わる職員に課せられた義務であり、職務遂行にあたっての法令遵守を定めたものであるが、原則として「勤務時間中に限られている」。

3　法令等に従う義務は、公務の中で重要な義務であるが、職務と無関係な一市民として法令に違反した場合には「違反の問題は生じない」ので、懲戒処分のみならず刑罰の「対象とならない」。

4　法令等に従う義務は、職務を遂行するにあたって、法規的な性質を有する法律のほか、条例、規則、「規程や要綱に従う義務を有する」。

5　正解。

③法令等に従う義務は、**「職員の職務に関する法令等に限られる」**。職員が一般職員として遵守しなければならない法令は含まれない。
■**職務遂行時間に限られる。**
①法令等に従う義務は、職員の職務の遂行時間中に限られる。
②残業などの命令がある場合には、その時間も含まれる。
■**法令等の違法性の判断**
①職員には、法令等の違法判断の能力がない。
②上司の職務命令に法令等の**「重大かつ明白な瑕疵」**がある場合は、**無効**な職務命令として、職員はこれに従う義務がない。
■**法令等の義務違反**
①法令等の義務違反は、懲戒処分の対象となるが罰則の対象とならない。
②事務職員が勤務時間中に道路交通法に違反しても法令等に従う義務違反は生じないが、運転手である職員が職務としての運転中に道路交通法に違反したときは、法令等に従う義務の違反となる。
③職員が職務遂行に関連して収賄をした場合も、法令等に従う義務の違反となる。

〔参照条文：法32〕

【No.070】 上司の職務上の命令に従う義務の記述として、妥当なのはどれか。

1 職員が上司の職務上の命令に従わなければならない命令は、必ず文書によることが要件とされ、命令が口頭で行われた場合には法的拘束力を持たない。

2 職員に対する職務上の命令が、階層的に上下の関係に立つ2人以上の上司の間に矛盾が生ずるときには、より上級の上司の命令が直近上位より優先する。

3 職員の職務上の上司と身分上の上司とが異なる場合には、職員は、職務上の上司の命令に従えばよく、身分上の上司の命令には従う必要はない。

4 職員は、上司の職務命令に忠実に従う義務を負い、上司の職務命令に重大かつ明白な瑕疵がある場合であっても、その職務命令に従う義務を負う。

5 職員に対する職務命令は、職務の遂行そのものに直接関係あるものに限られ、職務遂行上必要がある場合でも、私生活行動上の制限に及ぶことは一切ない。

ポイント整理
■上司の職務上の命令に従う義務
●職務上の命令を発する上司
○職務上の上司とは、指揮監督の権限を有する者をいう。

○上司を、「**職務上の上司**」と「**身分上の上司**」とに分けることができる。

○**職務上の上司**は、職務上の命令と身分上の命令を発することができる。しかし**身分上の上司**は、職務上の命令を発することができず、身分上の命令のみを発しえるにとどまる。

○職務上の命令は職務の執行に直接関係する命令であり、例えば、公文書を起案する命令、出張の命令などがある。これに対して身分上の命令は、職務の執行とは直接の関係を有しない命令、例えば、病気療養の命令、名札着用の命令などがある。

■職務上の命令の要件

職務命令の要件	主 体	①職務上の上司の権限内の命令であること。 ②複数の命令は、より上位の命令が直近上位より優先。
	内 容	①職員の職務に関する命令であること。 ②実行可能な命令であること。

【No.070 解説】

1　職務上の命令は、「文書のみならず口頭の場合もある」。

2　正解。

3　職員の職務上の上司と身分上の上司とが異なる場合、「職員は、職務上の命令については職務上の上司の命令に従うことになるが、身分上の命令については、身分上の上司の命令に従う必要がある」。

4　職員は、上司の職務命令に忠実に従う義務を負うが、上司の職務命令に重大かつ明白な瑕疵がある場合には、その職務命令は無効であり、「その命令に従う義務を負わない」。

5　職員に対する職務命令は、職務の遂行そのものに直接関係あるものに「限られず」、職務遂行上必要がある場合には、私生活行動上の制限に及ぶことも「ある」。

○同一の職務について2人以上の上司の命令が矛盾するとき、例えば、部長と課長の命令が矛盾する場合には部長の命令が優先する。

○職務命令は、その職員の職務に関するものでなければならない。通常の場合、税務課の職員に保健衛生の事務に関する命令は無効である。

○職務命令は、職務の遂行を内容とするものに限られず、職務の必要上から私生活上の制限が及ぶ場合もあり、例として居住場所の制限がある。

○職務命令は、要式行為ではないから、口頭によっても文書によっても可能であり、特段の制限はない。

■職務命令の拘束力

| 重大かつ明白な瑕疵ある命令 | ▶無効◀ | まったく違法な命令、明らかに違法な命令 |
| 上記以外の瑕疵ある命令 | ▶有効◀ | 違法な命令 |

○上司の職務命令が当然に無効である場合、すなわち職務命令に「重大かつ明白な瑕疵がある場合」には、部下はこれに従う義務はない。

○上司の職務命令が「**違法である**」場合には「有効」な職務命令となるが、「**まったく違法**」や「**明らかに違法**」の場合は、「無効」な職務命令となる。

〔参照条文：法32〕

147

【No.071】 **職務に専念する義務**に関する記述として、妥当なのはどれか。

1 職務に専念する義務は、身体的活動を職務へ集中させる義務であり、精神的活動の面から職務に注意力が向けられなくても、義務違反とはならない。

2 職務に専念する義務は、職務に全力を挙げて専念する義務で、条例や規則に基づいては免除されないが、法律に特別の定めがある場合は免除される。

3 職務に専念する義務は、職員が営利企業への従事許可を得た場合においても、同時に免除されないので、別途、職務専念義務免除の手続が必要である。

4 職務に専念する義務は、正規の勤務時間中に限り職務上の注意力を職責遂行に用いる義務であり、休日勤務時間や超過勤務時間中には適用されない。

5 職務に専念する義務が免除されたときには、法律や条例に基づき、特段の手続なしに、当然に給与条例に基づいて給与の支給を受けることができる。

ポイント整理
■職務に専念する義務
○職務専念義務は、公務優先の原則を前提としている。

○職務専念義務は、自治事務のみならず法定受託事務も対象となる。

○職務専念義務は、正規の勤務時間のみならず超過勤務時間及び休日勤務時間にも課せられる義務である。

○職務専念義務に違反すると、懲戒処分の対象となるが罰則の対象とはならない。

■職務専念義務の免除
○「**法律**」に免除根拠がある場合…「分限の休職」「懲戒の停職」「在籍専従」「適法な交渉への参加」「病者の就業禁止」「育児休業」「介護休業」「労働基準法等の休暇等」がある。

○「**条例**」に免除根拠がある場合…「条例で定められる週休日、休日、休暇、休憩」「職免条例で定められる研修受講、厚生計画実施への参加」などがある。

【No.071 解説】

1　職務に専念する義務は、身体的活動のみならず、「精神的活動のすべてを職務に集中しなければならない」義務である。

2　職務に専念する義務は、職務に全力を挙げて専念する義務であり、「条例に基づき免除される場合があり」、また法律に特別の定めがある場合にも免除される。

3　正解。

4　職務に専念する義務は、条例で定められた正規の勤務時間「のみならず」、休日勤務時間や超過勤務時間中にも「適用される」。

5　職務に専念する義務が免除されたときでも、給与条例に基づいて給与を支給するか否かは任命権者が判断する。給与の支給を受けるには、「別途、給与減免の手続が必要である」。職免と給与減免とは別手続である。

○職務専念義務は、職員の基本的な義務であることから、その免除については、合理的な理由がある場合に限られる。

●次の場合でも、**職務専念義務が当然に**「**免除されず**」、任命権者の許可が必要である。

①営利企業への従事等を行う場合

②勤務条件に関する措置要求を行う場合

③不利益処分に関する審査請求を行う場合

④職員団体の指名した役員等として適法な交渉を行う場合

■**免除と給与の関係**

○職務専念義務が免除された職員に、免除された勤務時間に給与を支給するか否かは、給与条例に基づいて、職務専念義務の免除とは別に、任命権者が判断する。この場合、別途、給与減免の手続を行えば、給与を受けることができる。

〔参照条文：法35〕

【No.072】 **信用失墜行為の禁止**に関する記述として、妥当なのはどれか。

1　職員の信用失墜行為は、職の信用を傷つける場合であり、地公法上の他の服務に関する違反行為と異なり、職全体の不名誉となる行為は含まれない。

2　職員が信用失墜行為に該当するとして禁止される行為は、職員の地位の特殊性に基づき、具体的にどの行為が該当するか地公法に限定列挙されている。

3　職員の信用失墜行為は、職員が職務に関連して行った行為に限られており、職務に関係なく行った行為は信用失墜行為に該当しないとされている。

4　職員の信用失墜行為で何が信用失墜行為にあたるかは任命権者が社会通念に基づき個別かつ具体的に判断するが、判断には客観的妥当性が必要である。

5　職員が信用失墜行為の禁止規定に該当するときは、一般国民以上に厳しいかつ高度の行政規範に従うことが要求され、懲戒処分と罰則の両対象となる。

ポイント整理
■信用失墜行為の禁止
○信用失墜行為とは、その「**職の信用を傷つけ**」、又は職員の「**職全体の不名誉となる行為**」を指す。

信用失墜行為	●職の**信用を傷つける**行為	⇒ 争議行為、職務規定違反
	●職全体の**不名誉となる**行為	⇒ 飲酒運転など

①職務との関係を問わない。
②勤務時間の内外を問わない。
③犯罪の有無を問わない。
④社会通念によって判断される。

○「**職の信用を傷つけ**」とは、当該職員が占めている職の信用を毀損する行為であり、職務に関連して非行を行った場合である。
○例えば、争議行為、職務規定違反、職権の濫用や収賄を行って職務上の便宜を図ることなどが該当する。

【No.072 解説】

1　職員の信用失墜行為は、その職の信用を傷つける場合であり、地公法上の他の服務に関する違反行為と「同様に」、職全体の不名誉となる行為も「含まれる」。

2　職員の信用失墜行為は、地公法に具体的に明文で「限定列挙されていない」。該当するか否かは個別かつ具体的に任命権者が判断することになっている。

3　職員の信用失墜行為は、職員が職務に関連して行った行為のほか、「職務に関係なく行った行為も該当する場合がある」とされている。

4　正解。

5　職員は、一般国民以上に厳しい、かつ高度の行政規範に従うことが要求される。だが信用失墜行為の該当時には懲戒処分の対象となるが、「罰則の対象とはならない」。

○「職全体の不名誉となる行為」とは、職務に関連する非行も含まれるが、必ずしも直接に職務とは関係のない私的な非行も含まれる。

○例えば、勤務時間外の飲酒運転、常習の賭博、不道徳なスキャンダルなどがある。

○信用失墜行為の禁止は、倫理上の規範にとどまるものではなく、法律上の規範として明文化されている。

○信用失墜行為に該当するか否かは、最終的には、任命権者が「社会通念」に基づき、事例に即して判断することになる。ただし、任命権者の恣意的な判断を許すものではない。

■信用失墜行為の禁止規定の違反

○信用失墜行為の禁止規定に違反すると、「法令に違反する場合」と「全体の奉仕者たるにふさわしくない非行のあった場合」に該当し、懲戒処分の対象となる。しかし罰則の適用はない。

〔参照条文：法33〕

【No.073】 **秘密を守る義務**に関する記述として、妥当なのはどれか。

1 秘密とは、一般に了知されていない事実を了知せしめることが一定の利益侵害になる公的秘密を指し、職務の関連で知り得た個人的秘密は含まれない。

2 秘密には、職務上知り得た秘密と職務上の秘密の2種類の秘密があり、両者の範囲は異なり、職務上の秘密は職務上知り得た秘密よりも範囲が広い。

3 秘密とは、職員の職務上の所管に属する秘密をいい、職員の所管外の事項であれば、職務に関連して知ることができた秘密は、秘密にあたらない。

4 秘密を守る義務は、法益が公共又は個人の利益にかかわる問題なので、職員の退職後にも及び、守秘義務に違反すれば懲戒処分及び罰則の対象となる。

5 職務上の秘密を法令による証人となり公表する場合は任命権者の許可が必要であるが、職務上知り得た秘密の公表には任命権者の許可を必要としない。

ポイント整理
■秘密を守る義務
○秘密とは、「**一般に了知されていない事実**」であり、一般に了知せしめることが「一定の利益の侵害になると客観的に考えられるもの」を指す。

○秘密には、「**形式秘密**」と「**実質秘密**」とがあり、客観的にみて秘密に該当するものが実質秘密であり、秘密を指定する権限のある行政庁により明示的に秘密の指定がなされたものが形式秘密である。秘密の推定は、最終的には、客観的な実質秘密であるかどうかで判断される。

○何が公的な秘密に属するかは、「法令」又は「上司の命令」による。

○秘密には、「**職務上知り得た秘密**」と「**職務上の秘密**」とがある。

○秘密を守る義務には、秘密事項を文書や口頭で漏らすことをはじめ、秘密事項の漏えいを黙認する場合も含まれる。

①職務上知り得た秘密
○職務上知り得た秘密は、職務に関連して知り得たものを含むが、逆に職務と関係のない秘密は含まれない。

○職務上知り得た秘密は、「職務上の秘密」より広く、職務上の所管に関する秘密のほか、職務上知り得た個人的な秘密も含まれる。

【No.073 解説】

1　秘密とは、一般に了知されていない事実を了知せしめることが一定の利益侵害になる公的秘密のみならず、職務との関連で知り得た「個人的秘密も含まれる」。

2　秘密には、職務上知り得た秘密と職務上の秘密との２種類があり、両者の範囲は異なり、職務上の秘密は、職務上知り得た秘密よりも「範囲が狭い」。

3　秘密とは、職員の職務上の所管に属する秘密「のみならず」、職員の所管外の事項であっても職務に関連して知ることができた秘密は「該当する」。

4　秘密を守る義務は、法益が公共又は個人の利益にかかわる問題であるが、職員が退職した後にも及び、退職者が守秘義務に違反したときには、罰則の対象となるが「懲戒処分の対象とはならない」。

5　正解。

②職務上の秘密
○職務上の秘密とは、職員の職務上の所管に関する秘密を指す。
○職務上の秘密には、法令で秘密とされているもの、上司の命令で秘密とされているもののほか、未発表の公文書なども含まれる。

■秘密事項の公表
○秘密は、原則公表できないが、例外として「**法令による証人、鑑定人**」となる場合には、当該秘密を公表できる。この場合でも、「**職務上の秘密**」**を公表**する場合には「**任命権者の許可**」が必要である。「**職務上知り得た秘密を公表するとき**」には任命権者の許可を必要としない。
○証人・鑑定人となる場合としては、裁判所の証人又は鑑定人となる場合や議会の調査権による証人となる場合のほか、人事委員会等が証人を喚問する場合がある。
○職員は、その職を退いた後も秘密を漏らしてはならない。

■罰則等
①**現職職員**の違反に対しては……………「刑罰」と「懲戒処分」が対象となる。
②**退職職員**の違反に対しては……………「刑罰」のみが対象となる。
③**秘密を漏らす行為を企てる第三者**は……「刑罰」のみが対象となる。

〔参照条文：法34・60〕

【No.074】 **政治的行為の制限**に関する記述として、妥当なのはどれか。

1　職員の政治的行為の制限は、政治的中立性を確保する要請であり、行政職員や教育職員に適用されるが、単純労務職員や企業職員には適用されない。

2　職員の政治的行為の制限は、職員の政治的中立性を保障することにより、行政の公正な運営の確保を目的とし、職員の利益保護を目的としていない。

3　職員には一定の政治的行為の制限が課せられており、地公法の規定に違反して政治的行為を行った場合は、懲戒処分の対象となり罰則の適用も受ける。

4　職員の政治的行為の制限は、一般行政職員、教育職員、警察消防職員に及ぶが、休職や在籍専従職員など、職務に従事していない者には及ばない。

5　政治的行為の制限として、何人も職員に対し政治的行為を行うよう求め、そそのかし若しくはあおってはならないとし、行為者には罰則を定めている。

ポイント整理
■政治的行為の制限
○政治的行為の制限は、職員の政治的中立性を保障することにより、「行政の公正な運営の確保」と「職員の利益を保護する」ことを目的としている。

■制限職員
○制限規定は、一般行政職員、教育職員、警察消防職員に適用される。
○教育職員は、全国的に制限される。
○制限規定は、条件付採用期間中の職員、臨時的任用職員、在籍専従職員にも適用される。
○制限規定は、職員としての身分を有する限り、休職、休暇、停職、職務専念義務の免除等、職務に従事していない者にも適用される。

【No.074 解説】

1　正解。

2　職員の政治的行為の制限は、職員の政治的中立性を保障することにより、行政の公正な運営の確保と「職員の利益保護」を目的としている。

3　職員には一定の政治的行為の制限が課せられており、職員が地公法の規定に違反して政治的行為を行った場合には、懲戒処分の対象となるが、「罰則の適用はない」。

4　職員の政治的行為の制限は、一般行政職員、教育職員、警察消防職員に及ぶし、また休職や在籍専従職員など、「職務に従事していない者にも及ぶ」。

5　政治的行為の制限として、何人も職員に対し政治的行為を行うよう求め、そそのかし若しくはあおってはならないとしているが、行為者には「罰則を定めていない」。

（適用除外）

○制限規定は、「**企業職員のうち管理監督者及び機密事務取扱者以外の職員**」及び「**単純労務職員**」には、適用されない。

○特別職は、原則として政治的行為の制限規定の適用を受けないが、人事委員及び公平委員は適用を受ける。

■違反

	内容	懲戒処分	罰則
職員	政治的行為	**対象となる**	適用なし
職員以外の者	職員に政治的行為をそそのかす場合等	対象とならない	適用なし

〔参照条文：法36・57、地公企法39〕

【No.075】　絶対的制限と条件的制限の記述として、妥当なのはどれか。

1　絶対的制限とは、政治的目的の有無を問わずかつ勤務地の内外を問わずすべての行為を禁止するものであり、政党の構成員になることも禁止している。
2　絶対的制限には、政党その他の政治的団体の結成への関与及び政党等の構成員への勧誘運動があるが、政党等の役員になることまでは制限していない。
3　条件的制限は、特定の政党その他の政治的団体を支持し又は反対する目的をもって、勤務地の内外において署名活動を行うことを制限する行為を指す。
4　条件的制限は、特定政党を支持し又は反対する政治的目的をもち政治的行為を行う場合に制限され、そのいずれかを欠く場合は制限の対象とならない。
5　条件的制限は、地方公共団体の執行機関を支持し又は反対する目的をもって、当該勤務地内において、公共施設に文書を掲出する行為を制限している。

ポイント整理
■絶対的制限と条件的制限
○政治的行為には、絶対的制限と条件的制限とがある。
●「絶対的制限」とは、政治的目的の有無を問わず、また勤務地の内外を問わず制限する次の行為をいう。
①政党その他の政治的団体の「結成」に関与すること。
②政党その他の政治的団体の「役員」となること。
③政党その他の政治的団体の「構成員」になるよう若しくはならないよう勧誘運動すること。

【No.075 解説】

1　絶対的制限とは、政治的目的の有無を問わず、かつ勤務地の内外を問わず禁止する行為であるが、「政党の構成員になることまで禁止していない」。

2　絶対的制限には、政党その他の政治的団体の結成への関与及び政党等の構成員への勧誘運動のみならず、「政党等の役員になることも禁止している」。

3　条件的制限は、特定の政党その他の政治的団体を支持し又は反対する目的をもって、「勤務地内において」、署名活動を行うことを制限する行為を指す。

4　正解。

5　条件的制限は、地方公共団体の執行機関を支持し又は反対する目的をもって、公共施設に文書を掲出する行為を制限しているが、この場合は「勤務地の内外で制限」している。

絶対的制限（禁止）	政党の結成、政党の役員、政党への勧誘	
条件的制限（制限）	政治的目的	政治的行為

特定の政党その他の政治的団体、又は特定の内閣もしくは地方公共団体の執行機関を支持し又は反対する政治的目的

①選挙運動………………［勤務地内制限］
②署名活動………………［勤務地内制限］
③募金活動………………［勤務地内制限］
④庁舎等に文書等を掲示…［内外制限］
⑤条例で定める事項………［勤務地内制限］

●「条件的制限」とは、特定の政党その他の政治的団体、又は特定の内閣若しくは地方公共団体の執行機関を支持し又は反対する「政治的目的」をもって、「政治的行為」を行うことをいう。

○政治的目的と政治的行為のいずれかを欠く場合には、制限の対象とならない。

〔参照条文：法36〕

【No.076】 条件的制限の要件に関する記述として、妥当なのはどれか。

1 職員は、政治的目的をもって、当該職員の属する地方公共団体の区域外に限り、かつ地公法で定める政治的行為に限りすることができるので、条例で政治的行為を追加することはできない。

2 職員は、当該職員の属する地方公共団体の区域外において、公の選挙において特定の人を支持する目的をもって、寄附金その他の金品の募集に関与することができる。

3 職員は、当該職員の属する地方公共団体の区域外において、政党その他の政治的団体の構成員となるように又はならないように勧誘運動をすることができる。

4 職員は、当該職員の属する地方公共団体の区域の内外を問わず、特定の内閣を支持する目的をもって、公の選挙において投票するように又はしないように選挙運動をすることはできない。

5 職員は、当該職員の属する地方公共団体の区域の内外を問わず、特定の政党その他の政治的団体を支持する目的をもって、署名運動を企画し又は主宰することはできない。

【No.076 解説】

1　職員は、政治的目的をもって、原則として当該職員の属する地方公共団体の区域外（勤務地外）に限り、地公法で定める政治的行為をすることができるし、また「条例で政治的行為を追加することもできる」。

2　正解。

3　政党その他の政治的団体の構成員となるように又はならないように勧誘運動をすることは、勤務地の「内外」で「禁止されている」。

4　特定の内閣を支持する目的をもって、公の選挙において投票するように又はしないように選挙運動することは、「勤務地内で制限されている」が、勤務地外では制限されていない。

5　特定の政党その他の政治的団体を支持する目的をもって、署名運動を企画し又は主宰することは、「勤務地内で制限されている」が、勤務地外では制限されていない。

ポイント整理
■条件的制限の要件
【1】政治的目的をもって、**選挙運動**を行うこと…（勤務地**内**で制限）

【2】政治的目的をもって、**署名活動**を行うこと…（勤務地**内**で制限）

【3】政治的目的をもって、**募金活動**を行うこと…（勤務地**内**で制限）

【4】政治的目的をもって、**庁舎、公共施設に文書・図画を掲示又は施設等を利用**すること………………（勤務地の**内外**で制限）

【5】政治的目的をもって、**条例**で定める政治的行為をすること………………………………………（勤務地**内**で制限）

〔参照条文：法36〕

【No.077】 **争議行為等の禁止**に関する記述として、妥当なのはどれか。

1 職員に禁止する争議行為等とは、同盟罷業、怠業その他の争議行為をいい、地方公共団体の機関の活動能率を低下させる怠業的行為は含まれない。

2 争議行為を企て、又はその遂行を共謀し、そそのかし、あおる等の行為は、一般職に対する禁止規定であり、特別職に対する禁止規定ではない。

3 地公法の争議行為等の禁止規定は、単純労務職員や企業職員には適用されず、これらの職員は地方公営企業労働関係法により争議行為等が禁止される。

4 争議行為等の禁止規定に違反して争議行為又は怠業的行為を実行した職員は、法規に照らして、懲戒処分の対象となり、また罰則の対象ともなる。

5 争議行為等に違反した場合でも、職員は、当該地方公共団体に対し法令等に基づき保有する任命上又は雇用上の権利をもって対抗することができる。

ポイント整理
■争議行為の形態

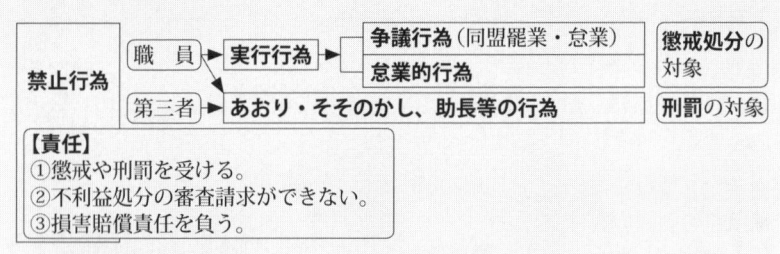

① 「実行行為」

○**同盟罷業とは**、争議行為として集団的に労務の提供を停止することであり、いわゆるストライキである。

○**怠業とは**、業務に従事しながら業務能率を低下させたり、正常な運営を妨害し、地方公共団体に損害を与える、いわゆるサボタージュである。

○**その他の争議行為とは**、同盟罷業、怠業以外の争議行為であって、地方公共団体の業務の運営を阻害する一切の争議行為である。

【No.077 解説】

1　職員に禁止する争議行為等とは、同盟罷業、怠業その他の争議行為、及び「地方公共団体の機関の活動能率を低下させる怠業的行為をいう」。

2　争議行為を企て、又はその遂行を共謀し、そそのかし、あおる等の行為は、「何人」にも禁止する規定であり、一般職のみならず特別職のほか、国民に対する禁止規定で「ある」。

3　正解。

4　争議行為等の禁止規定に違反して争議行為又は怠業的行為を実行した職員は、法規に照らして、懲戒処分の対象となるが、「罰則の対象とはならない」。罰則は、争議行為等を企て、又はその遂行を共謀し、そそのかし、あおる等の行為に対してのみ適用される。

5　争議行為等に違反した場合には、職員は、当該地方公共団体に対し、法令等に基づき保有する任命上又は雇用上の権利をもって対抗することが「できなくなる」。

②「計画・助長等の行為」

○争議行為の実行行為を計画し、あるいは助長する行為として、地公法は、**「何人」**に対しても争議行為等を企て、その遂行を共謀し、そそのかし又はあおる行為を禁止している。

■対象職員

○争議行為等が禁止されているのは、**「職員」**であり、職員である限り、企業職員や単純労務職員も含まれる。なお、企業職員や単純労務職員は地公法ではなく、地方公営企業関係法第11条及び附則第4条に基づき禁止されている。

■違反したとき

○**職員の実行行為**………………………「**懲戒**」の対象

○**職員・第三者のあおり等の行為**……「**刑罰**」の対象

○職員が争議行為等の禁止規定に違反したときは、法令に基づき保有する権利及び不利益処分に関する審査請求をする権利など、雇用上の権利を主張することができなくなる。

○争議行為等によって相手方に損害を与えた場合には、民法上の不法行為として損害賠償の責任を負う。

〔参照条文：法37・61、地公労法11〕

【No.078】 禁止される争議行為等の記述として、妥当なのはどれか。

1 禁止される争議行為は、地方公共団体の正常な業務の運営を阻害する行為であり、他の労働団体の労使紛争を支援する同情ストは禁止されていない。

2 禁止される争議行為は、業務の正常な運営を阻害する行為であり、職員が一斉に年次有給休暇を請求して職場を離脱することは禁止されていない。

3 禁止される争議行為は、同盟罷業としてのストライキであり、消極的な争議行為としてのサボタージュ（怠業的行為）は禁止されていない。

4 禁止される争議行為は、職員が実行する行為であり、職員以外の者が職員に対して、争議行為をそそのかし、又はあおることは禁止されていない。

5 禁止される争議行為は、その行為の態様を問わず、業務の正常な運営を阻害する行為を指し、腕章の着用も業務に支障を及ぼすときには該当する。

ポイント整理
■禁止される争議行為等
①争議行為は、**その目的のいかんを問わず一切禁止される**。
○他の労働団体の労使紛争を支援する「同情スト」や政治的課題の解決を要求する「政治スト」も争議行為等に該当する。
②争議行為は、**その行為の態様を問わず、業務の正常な運営を阻害するもの**をいう。
○リボン・はちまき・腕章などの着用についても、業務運営に支障を及ぼすときは、争議行為等に該当する。

1　禁止される争議行為は、地方公共団体の正常な業務の運営を阻害する行為であるが、他の労働団体の労使紛争を支援する「同情ストも禁止されている」。

2　禁止される争議行為は、業務の正常な運営を阻害する行為であるが、職員が一斉に年次有給休暇を請求して職場を離脱することは、業務の正常な運営を阻害する行為とみなされ、「禁止されている」。

3　禁止される争議行為は、同盟罷業としてのストライキ「のみならず」、消極的な争議行為としての「サボタージュ（怠業的行為）も禁止されている」。

4　禁止される争議行為は、職員が実行する行為に限られず、職員以外の者が、職員に対して争議行為をそそのかし又はあおることも「禁止されている」。

5　正解。

○適法に承認された年次有給休暇を利用して違法な争議行為に参加した場合には、争議行為とみなされる。

❸「**違法行為の企てやあおり等の行為**」については、地公法は「**何人**」に対しても禁止している。「何人」とは職員に限らず、それ以外の第三者(国民) も含まれる。

○行為の企てとは、争議行為などを実行する計画の作成その行為の会議などの開催などをいう。当然にその準備行為も含まれる。

〔参照条文：法37〕

【No.079】 営利企業への従事等の制限の記述として、妥当なのはどれか。

1　職員には、商業など私企業を営むことが制限されるが、私企業を営むことを目的とする会社その他の団体の役員となることまで制限されない。

2　職員が、自ら営利を目的とする私企業を営むとき又は報酬を得て事務に従事する場合には、勤務時間中に限り任命権者から従事許可を得る必要がある。

3　職員の営利企業への従事許可が不統一にならないように、人事委員会を置く地方公共団体では任命権者が規則によりその基準を定めることができる。

4　職員が、勤務時間内に営利企業へ従事する場合には、任命権者の従事許可のほかに、職務専念義務の免除又は年次有給休暇の承認を受ける必要がある。

5　職員が、報酬を受ける場合であっても、職員自身が営利企業へ従事することによって報酬を受ける場合でなければ、任命権者の許可を得る必要はない。

ポイント整理

■営利企業の従事制限される行為

○職員の営利企業への従事等の制限には、次の３つがある。

[**1**] 営利を目的とする「**私企業**」（営利企業）を営むこと。

○職員自身が**商業、工業又は金融業など**の営利を営むことを制限するもので、職員の家族が営むことまで制限するものではない。

○職員が、時々家族が営む私企業を手伝う程度なら制限にあたらない。

○農業であっても営利を目的とする場合には制限されるが、農産物を自家消費に充てる場合には制限されない。

[**2**] 営利を目的とする企業の「**役員**」に就任すること。

○企業の役員とは、取締役、監査役等の責任・権限を有する者を指す。

○営利を目的とする企業には、農業協同組合、消費生活協同組合などは含まれない。

[**3**] 「**報酬**」を得て他の事務事業に従事すること。

【No.079 解説】

1　職員には、商業など営利を目的とする私企業を営むことのみならず、私企業を営むことを目的とする会社その他の団体の役員となることも「制限されている」。

2　職員が、自ら営利を目的とする私企業を営むとき、又は報酬を得て事務に従事する場合には、勤務時間の「内外」において、任命権者から従事許可を得る必要がある。

3　職員の営利企業への従事許可が、任命権者によって不統一にならないように、人事委員会を置く地方公共団体では「人事委員会」が規則によりその基準を定めることができる。

4　正解。

5　職員が報酬を受ける場合には、営利企業への従事の「有無にかかわらず」、任命権者の「許可を得なければならない」。

○勤務時間の内外を問わず又営利の目的の有無にかかわらず、許可なく「報酬」を得ることはできない。

○報酬ではなく、収入として受ける講演料、原稿料、旅費は該当しない。また、お布施なども報酬ではない。

■従事制限の解除

○職員が営利企業へ従事するときには、**勤務時間の内外**を問わず、「**任命権者」の許可**を受けなければならない。

○従事が勤務時間**内**であるときは、従事許可とは別に、**職務専念義務の免除**（職免）又は**年次有給休暇**（年休）の承認を受けなければならない。

■**人事委員会規則による基準**

○人事委員会は、任命権者ごとに従事許可基準が不統一とならないように、人事委員会規則で、その**許可基準**を定めることができる。

■**違反**………「**懲戒処分のみ**」

〔参照条文：法38〕

【№.080】 **退職管理**の記述として、妥当なのはどれか。

1 退職管理は、職員であった者すべての者に適用され、退職後に営利企業等に再就職し、現職の職員に対し、契約等事務について、離職後2年間は依頼等の規制をする。

2 退職管理は、職員が退職後に営利企業等に再就職し、離職前5年間に在職した職員等に対し、離職後2年間、契約等事務に関して職務上の行為の依頼等の規制をする。

3 退職管理は、長の直近下位の地位にあった者が営利企業等に再就職し、契約等事務について依頼等をする場合には、離職前5年間のみならず5年前の前の在職中の役職員に当時の職務に関し、離職後2年間を制限する。

4 退職管理は、営利企業等に再就職した者に対し、退職前に契約等に関し自ら決定したものについて、当時在職した組織等の役職員等に、離職後2年間、依頼等の規制をする。

5 退職管理は、営利企業等に再就職した者に対し、契約等事務について一定の規制を課すものであって、再就職者から依頼等を受けた職員等に規制を課すものではない。

ポイント整理

■退職管理（再就職者による依頼等の規制）

(1) **職員**（臨時的任用職員、条件付採用期間中の職員、非常勤職員及び短時間勤務職員を除く）であった者で、離職後に営利企業等の地位に就いている再就職者は、**離職前5年間**に在職していた組織の職員等に対し、**契約等事務**であって、離職前5年間の**職務**に関し、**離職後2年間**、職務上の行為をするように又はしないように要求し、又は依頼してはならない。

(2) 長の直近下位の**内部組織の長**等として**離職日5年前の日より前**に就いていた者は、当該職に就いていた時に在職していた組織等の**役職員等に**対し、**契約等事務**であって離職日の5年前の日より前の**職務**に関し、**離職後2年間**、職務上の行為をするように又はしないように要求し、又は依頼してはならない。

【№080 解説】

1 　退職管理は、「臨時的任用職員、条件付採用期間中の職員、非常勤職員及び短時間勤務職員を除く」職員であった者に適用され、退職後に営利企業等に再就職し、「離職前5年間に在職した職員等に対し当時の職務に関し」、離職後2年間、契約事務等について、依頼等の規制をする。

2 　退職管理は、職員が退職後に営利企業等に再就職し、離職前5年間に在職した職員等に「当時の職務に関し」、離職後2年間、契約等事務に依頼等の規制をする。

3 　正解。

4 　退職管理は、営利企業等に再就職した者に対し、退職前に契約等に関し自ら決定したものについて、当時在職した組織等の役職員等に依頼等の規制をする。この場合は、「離職後2年間の期間制限の規定がない」。

5 　退職管理は、営利企業等に再就職した者に対し、契約等事務について一定の規制を課するとともに、再就職者から依頼等を受けた職員等に対しても「規制を課すものである」。

(3)(1) と (2) によるもののほか、再就職者は、在職していた組織等の**役職員等**に対し、当該地方公共団体等と営利企業との間の**契約**であって、その締結について**自らが決定又は処分**に関し、職務上の行為をするように又はしないように要求し、又は依頼してはならない。

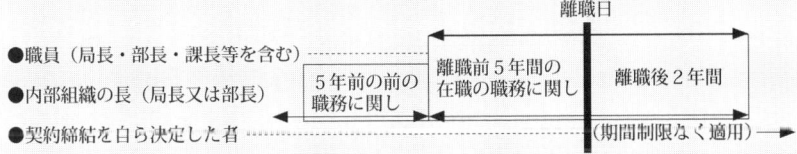

■**適用除外**

〇退職管理には、再就職者が一般競争入札などに参加する場合、法令の規定に基づき情報提供を求める場合などの6つの適用除外の規定をもつ。

〔参考条文：法38の2〕

【No.081】 **職員の研修**に関する記述として、妥当なのはどれか。

1　人事委員会は、研修に関する総合的な企画を行う任務を有するので、研修に関する計画の立案その他研修の方法を任命権者に勧告することができる。

2　地公法は、能力主義、成績主義を支える柱の一つとして研修を位置づけ、職員には、その勤務能率の発揮及び増進のため、研修受講を義務としている。

3　職員の能力開発のために、任命権者は、研修の目標、研修に関する計画の指針となるべき事項その他研修に関する基本的な方針を定める義務がある。

4　研修の実施は、地方公共団体の長の責務とされており、自ら主催して行う場合に限られず、他の機関への委託や特定の教育機関への入所も含まれる。

5　研修の方法には、日常の執務を離れて基礎的又は専門的な研修を行う職場研修と、日常の執務を通して職員に実務的な研修を行う職場外研修がある。

ポイント整理
■職員の研修
○地公法では、職員には、その勤務能率の発揮及び増進のために、研修を受ける機会が与えられなければならないと定めている。

○**研修は、任命権者が行う**ものである。

○研修に関する基本的な「**方針**」については「**地方公共団体**」が定めるとして、地公法では「地方公共団体は、研修の目標、研修に関する計画の指針となる事項その他研修に関する基本的な方針を定める」と規定している。

○任命権者は、研修に関する計画を作成し、職員に対する研修の必要の程度を調査し、積極的に研修を行うことが義務づけられている。

○職員の能力開発の方法には、自律的なものと他律的なものとがあり、地公法で規定しているのは、「**他律的な能力開発**」としての研修である。

○研修の方法には、職員の監督者に日常の職務を通じて職員に実務的な研修を行わせる「**職場研修（OJT）**」と、日常の執務を離れて特別の研修

【No.081 解説】

1　正解。

2　地公法は、能力主義、成績主義を支える柱の一つとして研修を位置づけ、職員には、その勤務能率の発揮及び増進のために、「研修を受ける機会を与え」なければならないと定めている。

3　職員の能力開発のために、研修の目標、研修に関する計画の指針となるべき事項その他研修に関する基本的な方針を定める義務があるのは、「地方公共団体」である。

4　研修の実施は、「任命権者」の責務とされており、自ら主催して行う場合に限られず、他の機関への委託や特定の教育機関への入所も含まれる。

5　研修の方法には、日常の執務を離れて基礎的又は専門的な研修を行う「職場外研修」と、日常の執務を通して職員に実務的な研修を行う「職場研修」がある。

機関などにおいて基礎的又は専門的な研修を受けさせる「**職場外研修（Off-JT）**」がある。

○職場外研修は、職場を離れた研修機関で集合的に学ぶ手法であり、①最新・高度な知識・情報を集中的・効率的に習得できる、②幅広い視野の醸成が期待できる、③異なる部門との経験交流ができるなどの、メリットがある。

○研修参加の服務上の取扱いは、地公法第35条に基づく条例において、職務専念義務が免除される場合の一つとして、研修を受ける場合が整備されている。

■人事委員会の勧告

○人事委員会を置く地方公共団体においては、人事委員会は、研修に関する計画の立案その他研修の方法について**任命権者に勧告**することができる。

〔参照条文：法39〕

【No.082】 　勤務条件に関する措置要求の記述として、妥当なのはどれか。

1 　措置要求は、地方公共団体の長に対して行うもので、給与、勤務時間その他の勤務条件に関し、適当な措置が執られるべきことを要求するものである。

2 　措置要求は、労働基本権の一部が制限される代償措置であることから、職員自身が行うことが建前であり、他の職員に委任して行うことはできない。

3 　措置要求は、公務員が全体の奉仕者として公共の利益のために勤務する特別の地位にあることから、一般職のみならず特別職にも認められている。

4 　措置要求は、労働基本権が制限されていることに対する代償措置の一つであり、個々の職員が行うことはもとより職員団体が行うこともできる。

5 　措置要求は、職員の経済条件が対象であり、職員の具体的な権利利益に影響を及ぼすものであれば、給与や勤務時間等の一般的な勤務条件も含まれる。

ポイント整理
■勤務条件に関する措置要求
○勤務条件に関する措置要求の制度は、職員が全体の奉仕者として公共の利益のために勤務するという特別の地位にあり、また労働基本権の一部が制限されているため、その**代償措置**として設けられている。

○措置要求は、「**一般職**」の職員に認められている制度であり、特別職には認められない。

○条件付採用期間中の職員及び臨時的任用職員も措置要求を行うことができる。

○措置要求は、一般職であっても「企業職員」及び「単純労務職員」のほか、すでに「退職した職員」や「職員団体」は、対象から除かれている。

○措置要求の内容は、「**給与・勤務時間その他の勤務条件に限られる**」が、ただし「**管理運営事項**」は除かれる。

○転勤等により当該職員の過去のものとなった勤務条件であっても措置要求が可能である。

○措置要求は、職員個人で行うことが建前であるが、複数の職員が共同して行うこともできる。

【No.082 解説】

1　措置要求は、「人事委員会又は公平委員会」に対して行うもので、給与、勤務時間その他の勤務条件に関し、適当な措置が執られるべきことを要求するものである。

2　措置要求は、労働基本権の一部が制限される代償措置である。職員自身が行うことが建前であるが、「他の職員に委任して行うこともできる」。

3　公務員は全体の奉仕者として公共の利益のために勤務する特別の地位にあるが、措置要求は「一般職の職員に認められる制度であり、特別職には認められない」。

4　措置要求は、労働基本権が制限されていることに対する代償措置の一つであり、職員個人が行うことができるが、「職員団体は行うことができない」。

5　正解。

○措置要求は、他の職員に**委任**して行うこともできる。また措置要求の審査に際して、本人以外の者が**代理人**として審理に参加することもできる。

■措置要求に関する一覧

	勤務条件に関する措置要求	
要求者	・一般職の職員（条件付採用職員・臨時的任用職員含む）ただし次の者を除く。[企業職員、単純労務職員]　その他 [退職者・職員団体]	
内　容	給与・勤務時間その他の勤務条件 ただし「**管理運営事項**」を除く。	
機　関	人事委員会（公平委員会）へ要求	
審　査	要求＝**一事不再理の原則が適用されない**。（同じものを何度でも要求可）期間＝請求期間の制限はない。審理＝原則書面審理。請求あれば口頭、併用も可。結果＝結果に対して「**法的拘束力がない**」。	
罰　則	措置要求の申出を故意に妨げた者に罰則の適用がある。	

〔参照条文：法46・47・48・61・62〕

【No.083】 **措置要求ができる者**に関する記述として、妥当なのはどれか。

1 措置要求は、職員の労働基本権が制約された代償措置として認められている職員に限られるが、職員が構成する職員団体も措置要求ができる。

2 措置要求は、勤務条件の決定方式が異なる単純労務職員及び地方公営企業の企業職員だけでなく、条件付採用期間中の職員も行うことができない。

3 措置要求は、職員が単独又は他の職員と共同で行うこともできるし、職員が他の職員から民法上の委任で代理権を授与されて行うことも可能である。

4 措置要求は、一般職に認められているので特別職には認められないが、一般職であれば企業職員や単純労務職員のほか、臨時的任用職員もできる。

5 措置要求は、現在のみならず過去の勤務条件も対象となり、退職後に遡って行われた定期昇給については、すでに退職した職員も行うことができる。

ポイント整理
■措置要求の対象者

措置要求ができる者	措置要求ができない者
○一般職の職員 ・条件付採用期間中の職員を含む。 ・臨時的任用職員を含む。	・すでに退職した職員 ・職員団体 ・単純労務職員 ・企業職員

○**対象**…措置要求は「**一般職**」の職員に認められる制度であり特別職には認められない。

【No.083 解説】

1　措置要求は、職員の労働基本権が制約された代償措置として認められている職員に限られ、「職員団体は措置要求をすることができない」。

2　措置要求は、勤務条件の決定方式が異なる単純労務職員及び地方公営企業の企業職員は行うことが「できない」が、条件付採用期間中の職員は「措置要求を行うことができる」。

3　正解。

4　措置要求は、一般職の職員に認められているので特別職には認められないし、一般職であっても企業職員や単純労務職員には「認められていない」。だが臨時的任用職員は行うことができる。

5　措置要求は、現在のみならず過去の勤務条件も対象となるが、退職後にさかのぼって行われた定期昇給については、「すでに退職した職員は行うことができない」。

○条件付採用期間中の職員及び臨時的任用職員も措置要求を行うことができる。

○措置要求は、「**企業職員**」及び「**単純労務職員**」のほか、すでに「**退職した職員**」や「**職員団体**」は対象から除かれている。

○**対象**…措置要求は、職員個人で行うことが建前であるが、**複数の職員が共同**して行うこともできる。

○**委任**…措置要求は、他の職員に委任して行うこともできる。また措置要求の審査に際して、本人以外の者が代理人として審理に参加することもできる。

〔参照条文：法46・57、地公企法39〕

【No.084】 **措置要求の対象事項**に関する記述として、妥当なのはどれか。

1 措置要求の対象となる事項は、地方公共団体の当局や人事委員会の権限に属する事項に限られず、地方公務員災害補償基金の権限事項も対象となる。
2 措置要求の対象となる事項は、給与や勤務時間その他勤務条件に関する事項全般にわたり、その範囲は広く職員定数の増減や人事評価も対象となる。
3 措置要求の対象となる事項には、職員の経済条件の一切であり、給与や勤務時間が含まれるが、職員の厚生福利事業や職場の執務環境は含まれない。
4 措置要求の対象となる事項には、職員に現に適用されている勤務条件の改善に限らず、現在の勤務条件を変更しない不作為も要求することができる。
5 措置要求の対象となる事項は、職員の給与・勤務時間など勤務条件に関するものであれば対象となり、地方公共団体の管理運営事項も対象となる。

ポイント整理
■措置要求の対象事項
○要求事項は、「給与、勤務時間その他の勤務条件」である。

措置要求の対象事項	措置要求の対象外事項
・給与、勤務時間その他の勤務条件 ・地方公共団体の当局や人事委員会の権限に属する事項に限る。 （例） ・職員の給与、諸手当、旅費 ・勤務時間、休日、休暇等 ・当局が実施する職員の厚生福利事業 ・職場の執務環境	・地方公共団体の機関が自らの責任で執行する行政の企画、立案、予算編成等、いわゆる管理運営事項は対象外。 （例） ・職員の定数の増減 ・予算の増減 ・人事評価制度

①措置要求のできる範囲は広い。しかし管理運営事項は除かれる。
②条例で定める事項であっても勤務条件である限り措置要求の対象となる場合がある。
③措置要求には、給与、旅費、勤務時間、休日、部分休業、執務環境、福

【No.084 解説】

1　措置要求の対象となる事項は、地方公共団体の当局や人事委員会の権限に属する事項に「限られ」、地方公務員災害補償基金など当局や人事委員会の権限外の事項は「対象とならない」。

2　措置要求の対象となる事項は、給与や勤務時間その他勤務条件に関する事項全般にわたるが、ただし「職員定数の増減や人事評価制度など管理運営事項は措置要求の対象とならない」。

3　措置要求の対象となる事項には、職員の経済条件の一切であり、給与や勤務時間が含まれるし、また職員の「厚生福利事業や職場の執務環境も含まれる」。

4　正解。

5　措置要求の対象となる事項は、職員の給与・勤務時間など勤務条件に関するものであるが、地方公共団体の「管理運営事項に関するものは対象とならない」。

利厚生、安全衛生、在籍専従を与えるべきことなどが含まれる。

④勤務条件とは、職員団体の交渉の対象となる勤務条件と同じ趣旨である。

⑤勤務条件とは、職員が勤労を提供する諸条件で、職員が自己の勤務を提供し又はその提供を継続するかの決心をするにあたり、考慮の対象となる利害関係事項である。

⑥公務災害補償など、地方公共団体の当局や人事委員会などの権限が及ばない内容は、原則として措置要求の対象とならない。

⑦人事評価制度自体は措置要求の対象とならない。

⑧措置要求は、現在、過去、将来のものも対象となる。また現行の勤務条件を変更しないという不作為をも対象とすることができる。

⑨定期昇給が遅れた場合や休暇の不承認に不服がある場合は、「不利益処分の審査請求」ではなく、勤務条件の措置要求として処理される。

⑩赴任旅費が支給されない場合には、勤務条件の措置要求の対象となる。

〔参照条文：法46〕

【No.085】 措置要求の審査手続及び判定の記述として、妥当なのはどれか。

1 措置要求に対する要件審査が行われ、平等取扱いの原則や情勢適応の原則などの要件が具備しなければ、措置要求の申請は受理されず、棄却される。

2 適法な措置要求の受理後の審理は、書面審理が原則であるが口頭審理その他の方法も認められ、審査機関が必要と認めたときは口頭審理による。

3 適法な措置要求の受理後の審理の結果、審査機関の判定が行われるが、判定により措置要求の内容に理由が認められない場合は、判定は却下となる。

4 審理の結果、措置要求の内容に理由があれば要求内容の全部又は一部を容認する判定となるが、この判定に不服があっても改めて措置要求はできない。

5 審理の結果、審査機関は自ら実行するとともに、地方公共団体の機関の事項については必要な勧告ができるが、この勧告には法的拘束力がある。

ポイント整理
■措置要求の審査手続及び判定
○措置要求を審査する機関は、「人事委員会又は公平委員会」である。
○**要求**
①職員が措置要求をするときは、原則として「**要式行為**」である。
②職員は、同一の事項について何度も措置要求を行うことができる。すなわち「一事不再理の原則」は適用されない。
○**審査**
①まず要件審査が行われ、要件を具備しなければ受理されず「**却下**」となる。
②審理は、「**書面審理が原則**」である。要求者から口頭審理の申出があっても、これを認めるかは審査機関の判断である。
［**判定**］
［1］**棄却**…適法な措置要求として受理後、審理の結果、要求内容が妥当でない場合は「棄却」となる。
［2］**容認**…審理の結果、要求内容が妥当であれば要求内容の全部又は一部を「容認」する判定となる。

【No.085 解説】
1　措置要求に対する要件審査が行われ、平等取扱いの原則や情勢適応の原則などの要件が具備しなければ措置要求の申請は受理されず「却下」される。
2　正解。
3　適法な措置要求の受理後の審理の結果、審査機関の判定が行われるが、判定により措置要求の内容に理由が認められない場合には「棄却」となる。
4　審理の結果、要求内容に理由があれば要求内容の全部又は一部を容認する判定となるが、この判定に不服があるときは、改めて措置要求が「できる」。勤務条件の措置要求は、同一職員が同一内容について、何回でも措置要求をすることができる。
5　審理の結果、審査機関は自ら実行するとともに、地方公共団体の機関の事項については必要な勧告ができるが、この勧告には「法的拘束力がない」。だが勧告を受けた機関は勧告を尊重する必要がある。

○要求者が審査機関の判定に不服でも「再審」を求めることはできない。しかし同一事項について「改めて」措置要求を求めることは可能である。
○判定及び勧告は、要求者の要求事項のみについて行われる。
［**執るべき措置**］
○人事委員会は、判定結果に基づいて、その権限事項については、自らこれを「実行」し、その他の事項については、当該事項に関し権限を有する地方公共団体の機関に対し、必要な「勧告」をしなければならない。
○**勧告には、「法的拘束力」はない**が、勧告を受けた機関は、これを尊重しその実現に努めるべきものとされている。
○最高裁は、措置要求が違法に却下又は棄却されたときは、職員の権利を侵害するものであるから、取消訴訟の対象となると判示している。
■**罰則の適用**
○職員の措置要求に対し**「審査機関への措置を故意に妨げた者」**には罰則の適用がある。

〔参照条文：法47・48〕

【No.086】 **不利益処分に関する審査請求**の記述として、妥当なのはどれか。

1 不利益処分を受けた職員は、任命権者に不服申立てをし、その決定に異議がある場合に限り、人事委員会又は公平委員会に対し審査請求ができる。

2 不利益処分を受けた職員は、不利益処分の専属的な管轄とされる不利益処分を行った処分庁の上級行政庁に対してのみ、審査請求を行うことができる。

3 不利益処分を受けた職員の審査請求に対する審査機関の審査結果、任命権者が審査機関の指示に故意に従わない場合には、罰則を受ける場合がある。

4 不利益処分の審査請求は、処分のあったことを知らない場合を除き、処分があった日の翌日から起算して1年を経過したときは行うことができない。

5 任命権者が不利益処分を行う場合に職員に交付する処分説明書は処分の効力と関係があり、処分説明書の交付がないときは処分の効力に影響を及ぼす。

ポイント整理
■不利益処分に関する審査請求
[1] ［審査機関］
○審査請求先の機関は、「**人事委員会**」又は公平委員会である。これ以外の機関が審査を行うことはできない。

[2] ［行政不服審査法の適用除外］
○不利益処分に関する審査請求は、行政不服審査法に基づくものであるが、行政不服審査法第2章の規定が適用されないので、行政不服審査法の手続の中の執行停止の申立てなどを行うことはできない。

[3] ［処分事由説明書の交付］
①任命権者は、職員に対し不利益処分を行う場合には、処分の事由を記載した処分説明書を交付しなければならない。ただし処分説明書の交付は、処分の要件ではなく処分の効力に影響を及ぼすものではない。

②不利益処分を受けた職員は、任命権者に処分説明書の交付を請求することができる。この請求を受けた任命権者は、請求日の日から15日以内

【No.086 解説】

1　不利益処分を受けた職員は、「任命権者に不服申立てをすることなく」、人事委員会又は公平委員会へ審査請求をすることができる。

2　不利益処分を受けた職員は、「人事委員会又は公平委員会」に対してのみ審査請求を行うことができる。これ以外の機関が審査を行うことはできない。

3　正解。

4　審査請求は、「処分があったことを知った日の翌日から起算して3か月以内」、処分があった日の翌日から起算して1年を経過したときは、行うことができない。

5　任命権者が不利益処分を行う場合に職員に交付する処分説明書は、処分の効力と関係が「なく」、処分説明書の交付がなくとも「処分の効力に影響を及ぼさない」。

に処分説明書を交付しなければならない。15日以降に処分説明書が交付されても処分説明書の効力に影響はない。

[4]〔不服申立て期間〕

| 処分のあったことを「知った日」の翌日から | 「3か月以内」 |
| 処分の「あった日」の翌日から | 「1年以内」 |

[5]〔罰則の適用〕

○「**軽い罰則**」…任命権者が、人事委員会の「**指示に故意に従わなかったとき**」には、「1年以下の懲役又は50万円以下の罰金」に処せられる。

○「**重い罰則**」…人事委員会から証人として喚問を受け、正当な理由なくてこれに**応ぜず**、若しくは**虚偽の陳述**をした者等は、「3年以下の懲役又は100万円以下の罰金」に処せられる。

〔参照条文：法49・49の2・49の3・50・61〕

【No.087】 **不利益処分の審査請求ができる者**として、妥当なのはどれか。

1 審査請求を行うことができる職員とは、行政不服審査法の適用を受ける職員であって、条件付採用期間中の職員も審査請求を行うことができる。
2 審査請求を行うことができる職員には、条件付採用期間中の職員は含まれないが、単純労務職員及び地方公営企業の企業職員は含まれる。
3 審査請求を行うことができる職員とは、不利益処分を受けた職員であり、不利益処分を受けた臨時的任用職員や地方公営企業の企業職員も含まれる。
4 審査請求を行うことができる職員とは、労働基本権が制限されている職員を指し、職員以外の者である代理人によって審査請求を行うことはできない。
5 審査請求を行うことができる職員とは、不利益処分を受けた現職に限られず、不利益処分を受けた後に免職された職員でない者も含まれる。

ポイント整理
■不利益処分の審査請求ができる者とできない者

審査請求ができる者	審査請求ができない者
○一般職の職員で一定の不利益処分を受けた者 ・免職された職員などを含む。	・条件付採用期間中の職員 ・臨時的任用職員 ・企業職員 ・単純労務職員

○審査請求ができる者は、「**一般職の職員**」で、一定の不利益処分を受けた者である。
○職員とは、不利益処分を受けた後、現に職員である者はもとより、免職された職員の場合のように、現在は職員でない者も含まれる。

【No.087 解説】

1　審査請求を行うことができる職員とは、行政不服審査法の適用を受ける職員であるが、条件付採用期間中の職員は行政不服審査法が適用されないので、「審査請求を行うことができない」。

2　審査請求を行うことができる職員には、条件付採用期間中の職員のほか、単純労務職員及び地方公営企業の企業職員も「含まれない」。

3　審査請求を行うことができる職員とは、不利益処分を受けた職員であるが、臨時的任用職員や地方公営企業の職員は「含まれない」。

4　審査請求を行うことができる職員とは、労働基本権が制限されている職員を指し、職員以外の者が審査請求を行うことは原則として認められていないが、例外として、職員が「代理人によって審査請求を行うことは可能である」。

5　正解。

○**ただし次の者は除かれる。**

○**条件付採用期間中の職員及び臨時的任用職員**には、行政不服審査法の適用がないので、不利益処分の審査請求をすることができない。

○**単純労務職員及び企業職員**は、不利益処分も団体交渉などで解決が可能であるので、不利益処分の審査請求をすることができない。

○審査請求を行うことができる職員とは、労働基本権が制限されている職員を指すが、職員以外の者である代理人によって審査請求を行うこともできる。

〔参照条文：法29の2・49の2・57、地公企法39〕

【No.088】 **不利益処分となる場合**の記述として、妥当なのはどれか。

1 審査請求の対象となる不利益処分は、懲戒処分であり、分限処分は職員の身分保障の制度であることから、分限処分で審査請求を行うことはできない。

2 審査請求の対象となる不利益処分は懲戒処分と分限処分に限られ、職員の意に反しかつ客観的にみて不利益を与えるものは対象とならない。

3 審査請求の対象となる不利益処分の一つに、訓告などの事実行為があり、つまり訓告も、その意に反する懲戒処分の一つとして位置づけされている。

4 審査請求の対象となる不利益処分は、職員の意に反する不利益な処分であり、職員の休暇等の申請に対する不作為には審査請求をすることができない。

5 審査請求の対象となる不利益処分は、職員の意に反する処分であるから、職員の意に反して昇給が行われなかった場合には、審査請求の対象となる。

ポイント整理
■不利益処分となる場合

対象事項＝「**懲戒処分、分限処分その他その意に反する不利益処分**」

不利益処分となる場合	不利益処分とならない場合
●分限処分（免職・休職・降任・降給） ●懲戒処分（免職・停職・減給・戒告） ●上記以外の処分で、職員の意に反してなされたものであり、かつ客観的に見て不利益を与えているもの	●処分が職員にとり不利益であっても、その意に反していない場合 ●職員の意に反していても職員にとって客観的に見て不利益でない場合 ●訓告及び給与減額のような事実行為や職員の休暇等の申請に対する不作為

○不利益処分の審査請求は、分限処分、懲戒処分のほか、その他職員の意に反しかつ客観的にみて不利益を与えているものが対象となる。

【No.088 解説】

1　審査請求の対象となる不利益処分は、懲戒処分のほか、「分限処分、職員の意に反してかつ客観的にみて不利益を与えているものであり」、これらに対し審査請求を行うことができる。

2　審査請求の対象となる不利益処分は、懲戒処分と分限処分に「限られず」、職員の意に反しかつ客観的にみて不利益を与えているものも、「対象となる」。

3　審査請求の対象となる不利益処分には、「訓告などの事実行為は含まれず」、また訓告は懲戒処分の一つとして「位置づけされていない」。

4　正解。

5　審査請求の対象となる不利益処分は、職員の意に反する処分であるが、職員の意に反して昇給が行われなかった場合は不利益処分とはならず、「審査請求の対象とならない」。

○不利益処分の「**その他**」には、平等取扱いに反する不利益な処分も含まれる。

○不利益処分であっても、職員の「意に反しないもの」や「意に反していても客観的に見て不利益でないもの」は、審査請求の対象とならない。

○訓告等の「**事実行為**」は
　……**審査請求の対象とならない。**

○職員の休暇などの申請に対する「**不作為**」は
　……**審査請求の対象とならない。**

○職員の意に反して「**昇給が行われなかった**」場合は
　……**審査請求の対象とならない。**

〔参照条文：法28・29・49の2〕

【No.089】 不利益処分の審査手続及び判定の記述として、妥当なのはどれか。

1 正式受理は、処分のあった日の翌日から3か月以内、処分のあったこと を知った日の翌日から起算して1年以内の審査請求でなければならない。

2 審理は、審査機関の自由であるが、処分を受けた職員から口頭審理の請求 があるときは口頭審理で、公開請求があるときは公開しなければならない。

3 審査機関の判定は、不利益処分の承認、処分の修正、処分の取消のいずれ かとなるが、不利益処分の修正又は取消の判定には、形成的効力がない。

4 審理の判定結果、審査機関が任命権者に対し必要な措置を執るよう書面で 求める指示には、法的拘束力がなく、任命権者は指示に従う義務を負わない。

5 訴訟は訴願前置となるが、審査機関の判定に不服がある場合に認められ、 その訴えは処分の取消しの訴えとなり、判定の取消しの訴えは認められない。

ポイント整理
■不利益処分の審査手続及び措置
●審査
①審査請求は要式行為とされ、**書面**によって行われる。

②審理は、審査機関の自由であり、「**職権審査主義**」が認められている。

③審理は、処分を受けた職員から**請求がある**ときは必ず**口頭審理**を行わな ければならない。

④また口頭審理は、その職員から**請求がある**ときは必ず**公開**して行わなけ ればならない。

⑤審理のため証人喚問を受け、正当な理由なく応ぜず、若しくは虚偽の陳 述をした者又は書類等の提出を正当なく応ぜず、若しくは虚偽の事項を 記載した書類等を提出した者は、**刑罰**に処せられる。

●判定
①判定の種類には「処分の承認」「処分の修正」「処分の取消」がある。

○「処分の承認」…「処分が適法で妥当な場合」

処分の承認は、審査機関が任命権者の処分を適法かつ妥当と認めた場合 の判定をいう。この場合、審査請求を「**棄却**」する形式をとる。

1　正式受理は、処分のあったことを「知った日」の翌日から起算して３か月以内、処分の「あった日」の翌日から１年以内の審査請求でなければならない。

2　正解。

3　判定は、処分の承認、処分の修正、処分の取消のいずれかとなるが、処分の修正又は取消の判定には「形成的効力がある」。

4　審理の判定結果に基づき、審査機関が任命権者に対し必要な措置を執るよう書面で求める指示には、「任命権者はこれに従う義務を負う法的拘束力がある」。

5　訴訟は、訴願前置となるが、審査機関の判定に不服がある場合に認められ、その訴えには、処分の取消しの訴えと「判定（裁決）の取消しの訴えがある」。

○「**処分の修正**」…「**処分の量定が不適当な場合**」
　処分の修正は、処分に理由があるが、処分の量定が不適当であるときの判定をいう。

○「**処分の取消**」…「**処分が違法又は著しく不適当な場合**」
　処分の取消とは、処分が違法又は著しく不適当であるときの判定をいう。

●**効果**…処分の修正又は取消の判定には、「**形成的効力**」があり、処分の修正の判定は当初から修正後の処分があったことに、処分の取消の判定の場合は当初から処分がなかったことになる。

②**人事委員会**は、必要があれば「**任命権者**」に対し、審査請求人が受けるべきであった給与を回復させる等の不当な取扱いを是正するための指示をしなければならない。

③**任命権者は**、人事委員会の指示に従う義務を負う。

●**訴訟**

○職員が、人事委員会の判定に不服があるときは「**出訴**」することができる。この訴訟には、「**処分の取消しの訴え**」と「**判定（裁決）の取消しの訴え**」とがある。

〔参照条文：法50・51・51の2・60〕

【No.090】　**厚生福利制度**に関する記述として、妥当なのはどれか。

1　地公法は、職員の生活を安定させるため職員の厚生福利を図る制度として、厚生制度、共済制度及び公務災害補償制度を厚生福利制度の柱としている。

2　職員の厚生福利を図る制度には、法定厚生福利と法定外厚生福利があり、前者には厚生制度と共済制度があり、後者には公務災害補償制度がある。

3　厚生制度は、地公法第 42 条に例示する職員の保健と元気回復の事業に限定されており、地方公共団体が独自に計画し実施するものは含まれない。

4　厚生制度を実施するために、義務的な組織として職員互助組合が設置され、運営経費は職員の掛け金のほか地方公共団体からの助成金が充てられる。

5　地公法に基づく職員の厚生福利を図る厚生制度は、職員の保健、その他の厚生に関する計画の樹立と実施を地方公共団体に義務づけた制度である。

【No.090 解説】

1　地公法は、職員の厚生福利を図る制度として、「厚生制度と共済制度」の2本柱とし、厚生福利制度とは「別に」、公務災害補償制度を設けている。

2　職員の厚生福利を図る制度には、法定厚生福利と法定外厚生福利があり、前者には「共済制度と公務災害補償制度」があり、後者には「厚生制度」がある。

3　厚生制度は、地公法第42条に例示されている職員の保健と元気回復の事業に「限定されるものではなく」、その他、地方公共団体が厚生に関し独自に計画し実施するものも「含まれる」。

4　厚生制度を実施するために、「任意的」な組織として職員互助組合が設置され、運営経費は職員の掛け金のほか地方公共団体からの助成金が充てられる。

5　正解。

ポイント整理

■厚生福利制度

○地公法は、厚生福利を図る制度として、次の3つを制度化している。

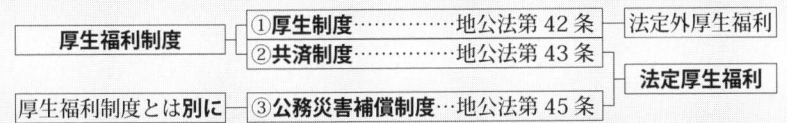

○共済制度と公務災害補償制度などのように「特別法」により事業内容がほぼ法定されているものを「**法定厚生福利**」といい、「地公法第42条」に基づき実施するもの等を「**法定外厚生福利**」という。

○地公法第42条では、厚生制度について、「地方公共団体は、職員の保健、元気回復その他厚生に関する事項について計画を樹立し、これを実施しなければならない」と規定している。

○職員互助組合は、厚生制度を実施する任意的団体である。

〔参照条文：法42・43・45〕

【No.091】 **地方公務員共済制度**に関する記述として、妥当なのはどれか。

1 地方公務員共済組合は、地公法に基づく制度であり、職員及びその被扶養者又は遺族の生活の安定と福祉の向上に寄与することなどを目的とする。

2 地方公務員共済組合は、公的な社会保障制度であり、各地方公共団体の条例に基づき、職員の厚生福利の増進を図る目的で設置される組織である。

3 地方公務員共済組合は、都の職員は東京都職員共済組合の組合員であり、区及び区の一部事務組合の職員は特別区職員共済組合の組合員である。

4 地方公務員共済組合が行う事業には、短期給付事業と長期給付事業の2種類があり、長期給付は、健康保険法による給付に相当するものである。

5 地方公務員共済組合の財源は、短期給付、長期給付及び福祉事業の各事業別に定められ、組合員の掛け金と地方公共団体の補助金で賄われている。

【No.091 解説】

1 正解。

2 地方公務員共済組合は、公的な社会保障制度である。「地公法第43条」に基づいており、具体的には、地方公務員等共済組合法により設立される組織である。

3 地方公務員等共済組合法に基づく共済組合は、幾つかに分かれているが、東京都並びに特別区及び特別区が組織する一部事務組合の職員は、「東京都職員共済組合」の組合員である。

4 地方公務員共済組合が行う事業には、短期給付事業、長期給付事業及び「福祉事業」の「3種類」があり、健康保険法による給付に相当するものは「短期給付」である。長期給付は年金に相当するものである。

5 地方公務員共済組合の財源は、短期給付、長期給付及び福祉事業の各事業別に定められ、組合員の掛け金と地方公共団体の「負担金」で賄われている。

ポイント整理

■共済制度

○地公法は、第43条で「地方公務員**共済組合**制度」を規定している。

○共済制度は、相互救済の精神に基づき、地方公務員が組織する共済組合が、職員が納付する「**掛け金**」と、地方公共団体が支出する「**負担金**」を財源として適切な給付を行うことにより、職員及びその被扶養者又は遺族の生活の安定と福祉の向上に寄与するとともに、公務の能率的運営に資することを目的とする制度である。

○東京都並びに特別区及び特別区が組織する一部事務組合の職員は、「**東京都職員共済組合**」の組合員である。ただし、区立学校及び区立幼稚園の教職員は、公立学校共済組合の組合員である。

○共済組合が行う事業は、保険給付などの「**短期給付事業**」と、退職共済年金などの「**長期給付事業**」と、病院運営や住宅資金貸付などの「**福祉事業**」の3種類である。

〔参照条文：法43〕

【No.092】 **公務災害補償制度**に関する記述として、妥当なのはどれか。

1　公務災害補償は、職員が公務のために災害を受けた場合に限られており、使用者の支配下にない通勤途上の災害は、原則として対象とならない。

2　公務災害補償の対象者は、一般職の常勤職員（常勤的非常勤職員、再任用短時間勤務職員を含む）が対象で、常勤でも特別職は対象とならない。

3　公務災害補償は、使用者である地方公共団体が実施すべきものであるが、代行機関として地方公務員災害補償基金が設けられ、全国統一的に行われる。

4　公務災害補償は、過失責任主義を採用し、公務災害を受けた職員に対し地方公共団体に過失がある場合に限り補償する制度である。

5　公務災害補償の対象となり得るためには、その災害が公務に起因していることが要件であり、任命権者の支配下にある遂行性は認定の要件とならない。

ポイント整理
■公務災害補償制度
○公務災害補償は、地公法第45条が一般職の職員について一般原則を規定し、この規定を受けて、**地方公務員災害補償法**が制定されている。

○公務災害補償制度は、職員が公務によって「負傷」・「疾病」にかかり又は「死亡」した場合に、当該災害による身体的損害を補償し、職員及びその家族の生活の安定に寄与することを目的とする制度である。

■公務災害補償の範囲
○公務災害補償の範囲は、「**公務上の災害**」と「**通勤災害**」である。

○公務災害補償は、民法上の損害賠償とは異なり、使用者に過失がなくても職員に対し損害を補償する「**無過失責任主義**」を採用している。

■基金の設置
○公務災害補償は、代行機関として「**地方公務員災害補償基金**」が設けられ、この基金が各地方公共団体に代わって統一的な補償を行っている。この基金の経費には、地方公共団体の負担金が充てられる。

■制度の適用対象者
○地方公務員災害補償法の適用は、原則として一般職の常勤職員が対象と

【No.092 解説】

1 公務災害補償は、職員が公務のために災害を受けた場合はもちろん、往復する使用者の支配下にない「通勤についても公務災害として認めている」。

2 公務災害補償の対象者は、地方公務員であればよく、一部例外があるものの、一般職の職員（常勤的非常勤職員、再任用短時間勤務職員を含む）のみならず、知事及び区市町村長、副知事及び副区市町村長の「常勤的な特別職も対象」としている。

3 正解。

4 公務災害補償は、「無過失責任主義」を採用し、公務災害を受けた職員に対し、地方公共団体が「無過失」の損害賠償責任を負う。

5 公務災害補償の対象となり得るためには、その災害が「公務起因性」と「公務遂行性」を有していることが「災害認定の要件である」。

なり、特別職の場合には、常勤勤務にある者が対象となる。

○議会の議員、行政委員会の委員、その他の非常勤職員は、地方公務員災害補償法に基づく地方公共団体の「条例」によって補償を受ける。

○補償の対象には、身体的損害のほか、物的損害も含まれる。

■**補償請求手続**

○地方公務員災害補償基金が、職員の災害について公務上の災害等に該当するか否かの認定を行う場合は、職権主義ではなく「**請求主義**」がとられており、認定は、補償を受けようとする者の請求をまって行われる。

■**災害認定の要件**

○公務災害の認定には、「**公務遂行性**」と「**公務起因性**」を満たされなければならない。

○公務遂行性とは、災害が使用者の管理下で発生したものであることを指し、公務起因性とは、災害の発生が職務の遂行と相当な因果関係にあることを指す。

〔参照条文：法45、公災補法69〕

【No.093】 **職員の労働基本権の態様**に関する記述として、妥当なのはどれか。

1 憲法第28条は、労働基本権を保障し、地方公務員には、憲法第28条に定める労働基本権である団結権、団体交渉権及び争議権が保障されている。

2 公務員の労働基本権の制限については、様々な学説や判例があり、最高裁判所の判決では、公務員の労働基本権に制限を加えることは無効としている。

3 企業職員及び単純労務職員は、地公労法に基づく労働組合を組織することができる。この組合には労働協約の締結権や争議権が認められている。

4 警察職員と消防職員については、労働基本権のすべてが禁止されているが、行政職員が組織する職員団体への加入については禁止されていない。

5 地公法に基づく職員団体の例として、東京都庁職員労働組合や特別区職員労働組合があり、いずれも地公法に基づく登録を受けている職員団体である。

ポイント整理
■職員の労働基本権の態様

○**憲法**第28条は、勤労者の団結権、団体交渉権及び争議権の「労働基本権」を保障している。しかし公務員は、全体の奉仕者として、労働基本権の一部が制限されている。

	団結権		団体交渉権	争議権	主な根拠法		
	職員団体	労働組合			地公法	教特法	地公労法等
一般行政職員	○		△	×	○		
教育職員	○		△	×	○	○	
警察消防職員	×	×	×	×	○		
企業職員		○	○	×			○
単純労務職員	○	○	(職△) (○)	×	○		○

※○制限なし、×禁止、△一部制限。
※地公労法等とは、地公労法のほか、労組法、労調法を指す。

○**一般行政職員と教育職員**は、地公法上の職員団体を組織できる。

○**警察消防職員**は、職員団体や労働組合を組織することかできず、また他の職員団体等に加入することもできない。

【No.093 解説】

1　憲法第28条は、労働基本権を保障しており、地方公務員には憲法第28条に定める労働基本権である団結権と団体交渉権の一部が保障されているが、「争議権は保障されていない」。

2　公務員の労働基本権の制限については、様々な学説や判例があり、最高裁の判決では、公務員の労働基本権に「必要やむを得ない限度の制限を加えることは可能」としている。

3　企業職員及び単純労務職員は、地公労法に基づく労働組合を組織することができる。この組合には労働協約の締結権などが認められているが、「争議権は認められていない」ところが民間の労働組合と異なる。

4　警察職員と消防職員については、労働基本権のすべてが禁止されている。両者は行政職員が組織する職員団体への加入も「禁止されている」。

5　正解。

○**企業職員**は、「地公労法」に基づく「労働組合」を組織することができる。この職員の労働組合は労働協約の締結権などが可能である点で職員団体と異なるが、争議行為が禁止されている点で、「労組法」が全面的に適用される民間の労働組合とも、その性格が異なっている。

○**単純労務職員**は、職員団体又は労働組合のいずれかを組織することができる。

○地公法に基づく職員団体の例として、東京都庁職員労働組合や特別区職員労働組合があり、いずれも地公法に基づく登録を受けている。

○東京都の職員団体等の連合組織（都労連）や、特別区の23区の職員団体等の連合組織（特区連）は、地公法上の登録団体ではなく、事実上の労働団体という性格づけである。

○連合組織は、統一交渉事項及び各労組から委任された事項についての交渉・妥結権を有し、各労組との連絡調整を行っている。

〔参照条文：憲28〕

【No.094】　**職員団体**に関する記述として、妥当なのはどれか。

1　職員団体とは、勤務条件の維持改善を図ることを目的とした団体又はその連合体であるが、職員団体と労働組合との連合体も職員団体である。

2　労働関係はオープン・ショップ制で、職員団体に加入しない職員は、給与、勤務時間その他の勤務条件に関し当局に意見を申し出ることが制限される。

3　職員団体が組織されている場合においては、職員は必ず職員団体に加入しなければならず、加入しない場合には職員団体の承認が必要となる。

4　職員団体の主たる目的が職員の勤務条件の改善を図るものであれば、副次的に社交的目的、文化的目的、政治的目的などを持つことは差し支えない。

5　職員団体は、同一の地方公共団体の職員で構成する必要はなく、異なる地方公共団体の職員で単一の職員団体を組織でき、登録職員団体にもなれる。

ポイント整理
■職員団体
○**職員団体**とは、職員が、その勤務条件の維持改善を図ることを目的として組織する団体又はその連合体をいう。

○上記でいう「**職員**」とは、警察消防職員、企業職員を除いて、地公法の適用を受けるすべての一般職に属する職員を指す。

○職員団体の主たる目的が勤務条件の改善を図るものであれば、副次的に社交的目的、文化的目的、政治的目的などを持つことは差し支えない。

○**連合体**は、職員団体相互が連合したものであれば、異なる地方公共団体の職員団体が連合したものであっても差し支えない。ただし職員団体と労働組合あるいは職員団体と国家公務員法上の職員団体が混在する連合体組織は、職員団体の連合体として認められない。

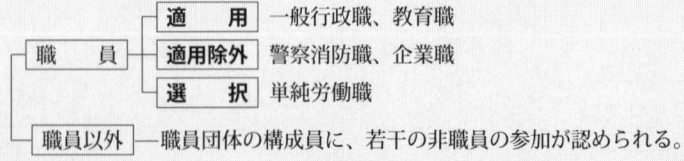

【No.094 解説】

1　職員団体は、勤務条件の維持改善を図ることを目的とした団体又はその連合体であるが、職員団体と労働組合との連合体は「職員団体ではない」。

2　労働関係はオープン・ショップ制が採用されているが、職員団体に加入していない職員であっても、給与、勤務時間その他の勤務条件に関し、「当局に意見を申し出ることができる」。

3　職員団体が組織されている場合でも、職員は、「これに加入し、加入しないことができる」。いわゆるオープン・ショップ制が採用されている。

4　正解。

5　職員団体は、同一の地方公共団体の職員で構成する必要はなく、異なる地方公共団体の職員で単一の職員団体を組織できるが、この場合は「登録職員団体になれない」。

○職員団体の結成は、一般行政職と教育職に認められており、警察消防職と企業職には認められていない。なお単純労務職は、職員団体又は労働組合のいずれかを選択できる。

■職員団体の加入

○職員は、職員団体を結成し若しくは結成せず、又はこれに加入し若しくは加入しないことができる。すなわち職員の労働関係は「**オープン・ショップ制**」となっている。

■不満の表明及び意見の申出

○職員団体に加入していない職員であっても、給与、勤務時間その他の勤務条件に関し、当局に意見を申し出ることができる。

■不利益取扱いの禁止

○職員は、職員団体の構成員であること、職員団体を結成しようとしたこと、若しくはこれに加人しよっとしたこと、又は職員団体のために正当な行為をしたことの故をもって不利益な取扱いを受けることはない。

〔参照条文：法 52・55・56、地公労法 5〕

【No.095】 **職員団体等の構成員**に関する記述として、妥当なのはどれか。

1 職員団体は、民間企業の労働者など当該地方公共団体の職員以外の者を構成員にできず、当該地方公共団体の職員だけで構成されなければならない。
2 管理職員等は、管理職員等だけで職員団体を組織することはできないが、管理職員等以外の職員とともに同一の職員団体を組織することができる。
3 職員団体は、職員が勤務条件の維持改善を目的として組織されている限り、構成員に若干の地方公営企業職員や警察消防職員を加えることができる。
4 職員団体は、必ずその地方公共団体の職員で構成されなければならず、職員であっても警察消防職員は職員団体の構成員となることができない。
5 単純労務職員は、職員団体を組織できるし、また一般行政職員と異なり、地方公営企業等の労働関係法に関する法律に基づく労働組合を組織できる。

ポイント整理
■職員団体等の構成員
○**職員団体**は、職員団体を構成できる職員が主体となっていればよく、職員以外の者を構成員に加えていても職員団体としての性格に影響はない。
・職員団体は少なくとも過半数は職員で構成されなければならない。
・職員以外の範囲の限定はない。民間労働者や企業職員なども加入できる。
・主体となる職員とは、一般行政職員及び教育職員であって、一般職の職員であっても警察消防職員や企業職員は、ここでは職員ではない。
○**単純労務職員**は、ここでの職員であり、職員団体を結成することができるし、また一般行政職員と異なり、地公労法に基づく労働組合を結成することもできる。この労働組合は、「労働協約」を締結することができ

【No.095 解説】

1　職員団体は、構成員の主体が職員であれば、民間企業の労働者など当該地方公共団体の職員以外の者を「構成員にすることも可能」であり、必ず当該地方公共団体の職員で構成されなければならない「わけではない」。

2　管理職員等は、管理職員等だけで職員団体を「組織することができる」が、管理職員等以外の職員とともに同一の職員団体を組織することは「できない」。

3　職員団体は、職員が主体となって勤務条件の維持改善を目的として組織されている限り、構成員に若干の地方公営企業職員や民間人を加えることもできるが、「警察消防職員を加えることはできない」。

4　職員団体は、必ずしもその地方公共団体の職員で「構成されなければならないわけではなく」、若干名なら、職員以外の者の加入も認められる。しかし「警察消防職員は、職員団体の構成員となることができない」。

5　正解。

　　るなどの点で、職員団体との違いがあるが、争議行為が禁止されている点では職員団体との差異はなく、労組法が全面的に適用される民間の労働組合とも異なっている。

○**管理監督の地位にある職員（管理職）**又は人事関係事務や職員団体関係事務等を担当し、その職務上の義務と責任が職員団体の構成員としての誠意と責任に直接抵触すると認められる職員、いわゆる「**管理職員等**」は、管理職員等だけで、職員団体を組織することができる。しかし管理職員等とそれ以外の職員とが、同一の職員団体を組織することはできない。

○管理職員等の具体的な範囲は、人事委員会等が規則で定めることとなっている。

〔参照条文：法52〕

【No.096】 **登録職員団体**に関する記述として、妥当なのはどれか。

1 登録職員団体とは、勤務条件の維持改善を目的に職員が主体となって構成される組織であればよく、若干名ならば職員以外の加入者も差し支えない。

2 職員団体には、登録という独特の制度があり、当該地方公共団体の長に対して登録の申請を行うことによって登録職員団体となることができる。

3 職員団体の登録は、職員団体の組織及び運営が自主的かつ民主的な一定の要件に適合するかを確認し、正常な労使関係を確立することを目的とする。

4 登録を受けた職員団体が当局に交渉を申入れた場合には、当局に対して交渉応諾義務を発生させるが、登録を受けない職員団体は当局と交渉できない。

5 登録職員団体のみに認める制度があり、任命権者の許可を受けることなく、当該登録職員団体の役員としてもっぱら従事する在籍専従職員を置ける。

ポイント整理
■登録職員団体
［1］［登録制度の目的］
○職員団体の登録は、職員団体の組織及び運営が自主的かつ民主的であるかどうか等、一定の要件に適合していることを確認し、正常な労使関係を確立することを目的とした制度である。
○職員団体は、条例の定めるところにより「**人事（公平）委員会**」に**登録の申請**を行うことができる。
［2］［登録の要件］
○職員団体が登録を受けるには、次の要件に適合する必要がある。
①職員団体の規約で一定の事項が定められていること。
②職員団体の重要な事項が民主的な手続で決定されていること。
③職員団体の構成員が、原則として**同一の地方公共団体の職員のみ**で組織されていることなどがある。
［3］［登録の効果］
○職員団体が登録することによって、次の**3つの効果**が生ずる。
①**当局が交渉に応ずる地位に立つ。**

【No.096 解説】

1　登録職員団体とは、勤務条件の維持改善を目的に「同一の地方公共団体の職員のみ」によって組織されている職員団体である。

2　職員団体には、登録という独特の制度があり、「人事委員会又は公平委員会」に対して登録の申請を行うことによって登録職員団体となることができる。

3　正解。

4　登録を受けた職員団体が当局に交渉を申入れた場合には、当局に対して交渉応諾義務を発生させるが、登録を受けない職員団体が、「当局と交渉できないわけではない」。

5　登録職員団体のみに便宜を認める制度があり、「任命権者の許可を受けて」、当該登録職員団体の役員としてもっぱら従事する在籍専従職員を置くことができる。

交渉の地位	登録を**受けた**職員団体	当局は交渉に応ずる義務がある。
	登録を**受けない**職員団体	当局は交渉に応ずるかは任意である。

○登録された職員団体が当局に交渉を申入れした場合には、当局は交渉に応ずる「応諾義務」が生ずる。しかし登録されていない職員団体からの交渉の申入れに対しては、当局は交渉に応ずるか否かは任意である。

②法人格の取得が認められる。

○登録された職員団体が法人となる旨を人事（公平）委員会に申し出るだけで、法人格が取得できる。

○法人格の取得で、財産の取得、契約の締結などを職員団体名で行うことができ、また課税上の優遇措置を受けることもできる特典がある。

③在籍専従職員制度が認められる。

○登録された職員団体には、在籍専従職員制度が認められる。

○在籍専従は、任命権者の許可を得て、登録を受けた職員団体の「**役員**」として「**もっぱら**」専従する場合に認められる。

〔参照条文：法53・55・55の2、法人格3〕

【No.097】 **職員団体との交渉**に関する記述として、妥当なのはどれか。

1 職員団体との交渉に応ずる地方公共団体の当局とは、決定権を持つ任命権者に限られ、職員の勤務条件に関する権限を委任されている者は含まれない。

2 職員団体との交渉は、管理運営事項を対象とすることができないが、管理運営事項の処理の結果、影響を受ける勤務条件は交渉の対象とできる。

3 職員団体は当局との交渉を通じて目的を達成するため、職員団体から適法な交渉の申入れがあるときには、当局は、その申入れに応ずべき地位に立つ。

4 職員団体と当局の交渉は、勤務時間外が原則であるが、適法な交渉であり、しかも登録職員団体の交渉の場合に限り、勤務時間内に行うことができる。

5 職員団体は、当局との交渉の結果、職員の給与、勤務時間その他の勤務条件に関し、地方公共団体の当局との間で団体協約を締結することができる。

ポイント整理
■職員団体との交渉
① ［交渉事項］
○**管理運営事項は、交渉の対象とすることができない。**
○管理運営事項の具体的な例として、次のものがある。

> ●地方公共団体の**組織**に関する事項
> ●**行政**の企画・立案・執行に関する事項
> ●職員の**定数**及びその配置に関する事項
> ●**予算**の編成に関する事項

○ただし、管理運営事項であっても、その処理によって影響を受ける勤務条件は、交渉の対象とすることができる。

② ［交渉時間］
○適法な交渉は、勤務時間中に行うことができる。

③ ［予備交渉］
○適法な交渉にあたっては、秩序ある交渉を確保するため、職員団体と当局との間で、あらかじめ交渉にあたる者の員数を定め、交渉の議題、時間、

【No.097 解説】

1　職員団体との交渉に応ずる地方公共団体の当局とは、決定権を持つ任命権者に「限られず」、職員の勤務条件に関する権限を委任された者も当局と「なる」。

2　正解。

3　職員団体は当局との交渉を通じて目的を達成するため、職員団体から適法な交渉の申入れがあるときでも、地方公共団体の当局は、その申入れに応ずべき地位に「立たない」。当局が応ずべき地位に立つのは、登録職員団体からの申入れがある場合に限られる。

4　職員団体と当局の交渉は、勤務時間外が原則であるが、適法な交渉であれば、勤務時間内に交渉を行うことが「できる」。この勤務時間内での交渉は「登録職員団体に限られず」、登録されていない職員団体の場合にも認められる。

5　職員団体は、職員の給与、勤務時間その他の勤務条件に関し、地方公共団体の当局との間において「書面協定を締結することができる」が、「団体協約を締結することはできない」。

　　場所及びその他の必要な事項を取り決めて行うこととされており、実際の交渉の前に「**予備交渉**」を行うことが義務づけられている。

④ ［**書面協定**］

○職員団体は、法令、条例、規則及び規程に抵触しない限りにおいて、当局と書面による協定を結ぶことができる。ただし団体協約（労働協約）を締結することはできない。団体協約は当局と労働組合とが締結することができるものである。

⑤ ［**交渉者**］

○職員団体が交渉できる当局は、交渉事項について適法に管理し、又は決定できる地方公共団体の当局であり、具体的な交渉の当事者として実際に交渉の場に臨む者は、当局の指名する者である。

○職員団体側の交渉の当事者は、原則として職員団体がその役員の中から指名する者であるが、特別の事情があるときは、役員以外の者を指名することができる。

〔参照条文：法55〕

【No.098】　**ながら条例**に関する記述として、妥当なのはどれか。

1　ながら条例は、在籍専従制度による職員が、勤務時間中に職務に専念する義務の免除を受けて、職員団体又は労働組合の活動に従事できる条例をいう。
2　ながら条例は、地公法第55条の2を受け条例で定める場合に限り、給与を受けながら勤務時間中に職員団体の活動を行うことができる条例をいう。
3　ながら条例は、交渉以外の勤務時間中の組合活動についても定める条例であり、一部の機関運営に限定して有給の組合休暇又は無給職免を認めている。
4　ながら条例とは、職員団体のための職員の行為の制限の特例に関する条例をいい、組合休暇と給与の関係では、適法な交渉に限り有給としている。
5　ながら条例では、組合休暇は職員の権利として認められている休暇であり、国の通達では30日以内の必要最小限度の機関の組合活動を認めている。

ポイント整理
■ながら条例
○職員団体と当局の交渉は勤務時間外に行うことが原則であるが、職員の団結権と団体交渉権を尊重する趣旨から、勤務時間中に交渉を行うことを認めている。
○地公法「第55条の2⑥」では、職員は、「条例で定めた場合を除き」、給与を受けながら、職員団体のためその業務を行い、又は活動をしてはならないとしている。これを受けて自治体は「ながら条例」等を定めている。
○在籍専従職員以外の職員が、勤務時間中に条例の定めるところに従って職務専念義務の免除を得て職員団体活動又は労働組合活動に一時的に従事することを「組合休暇」と呼んでいる。

【No.098 解説】

1　ながら条例は、「在籍専従職員以外の職員」が、勤務時間中に職務に専念する義務の免除を受けて、「登録」職員団体又は労働組合の活動に従事できる条例をいう。

2　ながら条例は、地公法第55条の2を受け条例で定める場合に限り、「原則として給与を受けることなく」、勤務時間中に「登録」職員団体の活動を行うことができる条例をいう。

3　ながら条例は、交渉以外の勤務時間中の組合活動について、一部の機関運営に限定して「無給」の組合休暇又は無給職免を認めている。

4　正解。

5　ながら条例では、組合休暇は「職員の権利ではなく」、任命権者の裁量による制度であり、国の通達では30日以内の必要最小限度の機関の組合活動を認めている。

○国の通達では、登録職員団体又は職員の労働組合のために不可欠な業務や活動のために組合休暇を認めることは差し支えないとしている。

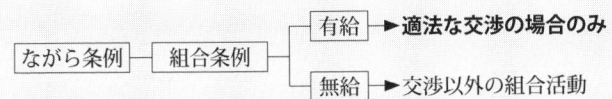

○ながら条例では、適法な交渉に限って「有給」で行うことを可能にし、交渉以外の勤務時間中の組合活動は一部の機関運営に限定して認めており、組合休暇は原則として「無給」である。

○国の通達では、「30日以内」の必要最小限の機関の組合活動を認めることは差し支えないとしている。

〔参照条文：法55の2〕

【No.099】 **在籍専従職員制度**に関する記述として、妥当なのはどれか。

1　在籍専従職員の期間は、通算して7年以内である。通算内なら登録された職員団体の在籍専従後に労働組合の在籍専従に就くことも可能である。

2　在籍専従職員制度は、円滑な労使関係を維持する観点から、任命権者の許可を受けて、職員団体及び労働組合に従事することを認める制度である。

3　在籍専従とは、職務に専念することなく、職員団体や労働組合の役員として業務に従事することをいい、職員の1日だけの在籍専従も認められている。

4　在籍専従は、勤務外活動であり、在籍専従期間中の職員にはいかなる給与も支給されないが、当該期間は退職手当の算定となる勤務時間に算入される。

5　在籍専従職員は、一定期間に限り休職者とした扱いとなるため、分限の休職と同じ取扱いを受けるので、職員としての服務義務に従う義務を負わない。

【No.099 解説】

1　正解。

2　在籍専従職員制度は、円滑な労使関係を維持する観点から、任命権者の許可を受けて、「登録」職員団体及び労働組合の役員としてもっぱら従事することを認める制度である。

3　在籍専従とは、職務に専念することなく、「もっぱら」、「登録」職員団体や労働組合の役員として業務に従事することをいい、職員の「1日だけの在籍専従は認められない」。

4　在籍専従は、勤務外の活動であり、在籍専従期間中の職員にはいかなる給与も支給されないし、また当該期間は退職手当の算定となる勤務時間に「算入されない」。

5　在籍専従職員は、一定期間に限り休職者とした扱いとなり、分限の休職と同じ取扱いを受けるが、職員としての身分を有しているので、「服務義務に従う義務を負う」。

ポイント整理

■在籍専従職員制度

○登録された職員団体には、在籍専従職員制度が認められる。

○在籍専従職員制度は、「**登録**」を受けた職員団体及び労働組合の「**役員**」として「**もっぱら**」専従する場合に認められる。

○在籍専従職員を置く場合には、**任命権者の許可**が必要である。

○在籍専従は、あらかじめ期間を定めて与えられる。その期間は、職員としての在職期間を通じて5年、ただし当分の間、**通算して「7年以下の範囲内**」で、人事委員会規則で定める期間を超えることができない。

○在籍専従の期間中は、**休職者**として扱われ、いかなる**給与も支給されず**、退職手当の期間に算入されない。

○在籍専従職員は、**職員としての身分を保有**している点から、他の一般職員と同様に、公務員としての身分上の義務と責任を負う。

〔参照条文：法55の2、地公労法6〕

【No.100】 **罰則の適用**に関する記述として、妥当なのはどれか。

1 職員が、任命権者の許可なく職務上の秘密を漏らしたときには罰則の適用があるが、職務上知り得た秘密を漏らしたときには罰則の適用がない。

2 職員が、能力の実証がなく任用の根本基準に違反したときには罰則の適用があるが、受験者に秘密の試験情報を提供したときには罰則の適用がない。

3 職員が、営利企業等の許可を受けずに営利企業を営むときには罰則の適用があるが、許可を得ず単に報酬を受けるだけのときには罰則の適用がない。

4 職員の、措置要求を妨げた者には罰則の適用があるが、任命権者が不利益処分の審査請求の人事委員会の指示に従わないときには罰則の適用がない。

5 職員が、争議行為等を企てたときはその行為の結果争議行為等が行われなくとも罰則の適用があるが、争議行為に参加しただけでは罰則の適用がない。

ポイント整理
■罰則の適用
● 1 年以下の懲役又は 50 万円以下の罰金
（1）**平等取扱いの原則**に違反して差別した場合
（2）**秘密を守る義務**に違反して秘密を漏らした者
（3）**不利益処分の審査請求**による人事委員会（公平委員会）の指示に故意に従わなかった者
（4）**退職管理**に関する規定に違反した再就職者及び再就職者から依頼等を受けた職員
● 3 年以下の懲役又は 100 万円以下の罰金
（1）**不利益処分の審査請求**の権限の行使に関し、人事委員会（公平委員会）から証人として喚問を受け、正当な理由なくてこれに応ぜず、若しくは虚偽の陳述をした者又は人事委員会（公平委員会）から書類・その写しの提出を求められ、正当な理由がなくてこれに応ぜず、若しくは虚偽の事項を記載した書類若しくはその写を提出した者

【No.100 解説】

1　職員が、任命権者の許可なく職務上の秘密を漏らしたとき「のみならず」、職務上知り得た秘密を漏らしたときにも「罰則の適用がある」。

2　職員が、能力の実証がなく任用の根本基準に違反したとき「のみならず」、受験者に秘密の試験情報を提供したときにも「罰則の適用がある」。

3　職員が、営利企業等の許可を受けずに営利企業を営むとき「のみならず」、また許可を得ずして報酬を受けるときにも「罰則の適用はない」。

4　職員の措置要求の申し出を「故意に」妨げたとき「のみならず」、任命権者が不利益処分の審査請求の人事委員会の指示に「故意に」従わないときにも「罰則の適用がある」。

5　正解。

(2)　**任用の根本基準**に違反して任用した者

(3)　**受験を阻害し**又は情報を提供した者

(4)　何人たるを問わず、**争議行為**等の違法な行為の遂行を共謀し、そそのかし、若しくはあおり、又はこれらの行為を企てた者

(5)　**勤務条件の措置要求**の申し出を故意に妨げた者

● **3 年以下の懲役**

(1)　**職務上の不正な行為**により、営利企業等に対し離職後**営利企業等の地位に就く**ことを要求し又は約束した者、他の役職員に同様な働きかけ等をした者

〔参照条文：法 60・61・63〕

解答一覧

001……4	026……5	051……5	076……2
002……3	027……5	052……3	077……3
003……5	028……3	053……4	078……5
004……1	029……2	054……5	079……4
005……2	030……1	055……2	080……3
006……5	031……4	056……4	081……1
007……4	032……5	057……5	082……5
008……1	033……2	058……1	083……3
009……3	034……3	059……3	084……4
010……5	035……5	060……5	085……2
011……2	036……1	061……5	086……3
012……4	037……5	062……4	087……5
013……2	038……4	063……2	088……4
014……1	039……2	064……5	089……2
015……5	040……5	065……3	090……5
016……1	041……1	066……1	091……1
017……3	042……3	067……4	092……3
018……4	043……3	068……1	093……5
019……5	044……4	069……5	094……4
020……3	045……4	070……2	095……5
021……2	046……3	071……3	096……3
022……1	047……5	072……4	097……2
023……4	048……2	073　　5	098……4
024……5	049……1	074……1	099……1
025……4	050……4	075……4	100……5

〈東京都・特別区「主任主事」受験対策〉

**ポイントがよくわかる
地方公務員法 100 問【高頻度出題問題集】**

2015 年 12 月 25 日　　初版　発行

著　者　　昇任・昇格試験アドバイス会
発行人　　武内　英晴
発行所　　公人の友社
　　　　　〒 112-0002　東京都文京区小石川 5 − 2 6 − 8
　　　　　ＴＥＬ 0 3 − 3 8 1 1 − 5 7 0 1
　　　　　ＦＡＸ 0 3 − 3 8 1 1 − 5 7 9 5
　　　　　Ｅメール　info@koujinnotomo.com
　　　　　ホームページ　http://koujinnotomo.com/